수타니파타

KB191268

수타니파타

김운학 옮김

이 책을 읽는 분에게

　수타니파타(Sutta-nipata)는 경(經＝수타)의 집성(集成＝니파타),
즉 〈부처님의 첫말씀〉을 모아 엮어놓은 경집經集을 말한다.
　이 경집은 경전 성립사상 최초의 것에 속한다. 원래 부처님
의 설법 체계를 운문韻文의 시기, 산문散文의 시기, 삼장三藏의
성립, 팔리어 삼장三藏, 대승경전大乘經典의 성립 등으로 나누
어볼 수 있는데, 이 수타니파타는 산문이 시작된 아소카왕 시
대(B. C. 268~232) 이전의 운문시대보다 더 오래 되었다고 보
는 고전古典 중의 고전이다. 이 가운데서 특히 제4장 〈시詩의
장〉과 제5장 〈피안彼岸에 이르는 길〉은 더욱 오래 된 것으로 평
가되고 있다.
　그런데 이 경집에는 아소카왕 시대나 그 조금 이후로 보는
시기에 나온 《닛데사(Niddesa)》라는 주석서가 있는데 이것도
제4장과 제5장 그리고 제1장 3항의 어구語句에 한한 것으로
보면, 이때까지도 이 경집은 다 집성이 되지 않았다는 것을 알
수 있다. 그 후 어느 시기에 따로 전해오는 다른 것도 합해 집
성이 되었다는 것을 알 수 있다.
　이러한 것이 한역경漢譯經에는 제4장의 시편詩篇들이 《불교

의족경佛教義足經》이라는 이름으로 오鳴나라 초기(223~253) 지겸支謙에 의해서 번역되었다는 것은 대승권에서 이 경을 얼마나 소홀히 했는지를 알 수 있다.

그러나 이 경집은 불교의 가장 초기의 사상을 이해하는 데 더할 수 없이 좋은 책이다. 또한 이것은 석가釋迦의 가장 최초의 말씀이며, 가장 생생한 음성이라는 점에 있어서도 우리가 먼저 알아야 될 것들이다.

부처님의 말씀이 그 후 제자들에 의하여 외기 쉬운 운문의 형식으로 구송口誦되어 오다가 그것이 뒤에 팔리어語로 정착해 최초의 성전으로 자리잡은 경집이기 때문에, 이것은 그 후의 다른 어떤 원시경전原始經典이나 대승大乘경전보다 부처님의 육성을 그대로 들을 수 있어 불교의 과장되지 않은 진실한 모습을 그대로 볼 수 있다.

이는 간결하고 소박한 초기 불교사상이 잘 나타나 있는 경집이며, 불교가 다만 깊고 어렵다고만 생각해 버리는 현대의 지성인들에게 좋은 길잡이가 되리라 믿는다.

南何山房 옮긴이

차 례

제3편 커다란 장   89

제1편

뱀(蛇)의 장

1. 뱀

1 뱀의 독이 (몸에) 퍼지는 것을 약으로 다스리듯, 치미는 분노를 억누르는 수행자(bhikkhu)[1]는 이 세상〔이승〕과 저 세상〔저승〕을 다 함께 버린다. 마치 뱀이 묵은 허물을 벗어버리듯이.

2 연못에서 자라는 연꽃을 물속에 들어가 꺾어버리듯, 말끔히 애욕을 끊어버린 수행자는 이 세상과 저 세상을 다 함께 버린다. 마치 뱀이 묵은 허물을 벗어버리듯이.

3 급히 흐르는 애착의 물줄기를 남김 없이 말려버린 수행자는 이 세상과 저 세상을 다 함께 버린다. 마치 뱀이 묵은 허물을 벗어버리듯이.

4 몹시 세차게 흐르는 물이 연약한 갈대[2]의 둑을 무너뜨리듯이 교만한 마음을 남김 없이 없애버린 수행하는 이 세상과 저 세상을 다 함께 버린다. 마치 뱀이 묵은 허물을 벗어버리듯이.

5 무화과無花果나무 숲속에서는 꽃을 구해도 얻을 수 없듯이 모든 존재 속에서 견고한 것[3]을 찾아내지 못하는 수행자는

---

1 '구걸하는 사람'을 뜻함. 한역(漢譯)에서는 음을 따 '비구(比丘)'라고 함. 당시 인도의 여러 종교에서는 모두 집을 나온 수행자는 탁발(托鉢)에 의해서 음식을 얻고 있었기 때문에 이렇게 불림. 집에서 도를 닦고 있는 사람들은 수행자에게 최대의 경의를 표하며 음식을 바쳤다는데 수행자는 태연히 이것을 받았고 고맙다는 인사도 하지 않았음.

2 찢겨진 갈대(nada)와 격류의 비유는 《리그베다》제1편 제32시편의 8에 나와 있음.

3 원어는 sāra인데 주석은 '본성(本性) 또는 상주성(常住性)'으로 해석함.

이 세상과 저 세상을 다 함께 버린다. 마치 뱀이 묵은 허물을 벗어버리듯이.

6 마음속으로 노여움을 모르고, 세상의 흥망성쇠를 초월한 수행자는 이 세상과 저 세상을 다 함께 버린다. 마치 뱀이 묵은 허물을 벗어버리듯이.

7 상념想念을 남김 없이 불살라버리고, 마음속이 잘 정돈된 수행자는 이 세상과 저 세상을 다 함께 버린다. 마치 뱀이 묵은 허물을 벗어버리듯이.

8 너무 빨리 달려가지도 않고 또 뒤처지는 일도 없이, 망령된 생각을 다 초월한 수행자는 이 세상과 저 세상을 다 함께 버린다. 마치 뱀이 묵은 허물을 벗어버리듯이.

9 너무 빨리 달려가지도 않고 또 뒤처지는 일도 없이, '이 세상의 모든 것이 허망하다'는 것을 알고 있는 수행자는 이 세상과 저 세상을 다 함께 버린다. 마치 뱀이 묵은 허물을 벗어버리듯이.

10 너무 빨리 달려가지도 않고 또 뒤처지는 일도 없이, '모든 것이 허망하다'는 것을 알고 탐욕에서 떠난 수행자는 이 세상과 저 세상을 다 함께 버린다. 마치 뱀이 묵은 허물을 벗어버리듯이.

11 너무 빨리 달려가지도 않고 또 뒤처지는 일도 없이, '모든 것이 허망하다'는 것을 알고 애욕에서 떠난 수행자는 이 세상과 저 세상을 다 함께 버린다. 마치 뱀이 묵은 허물을 벗어버리듯이.

12 너무 빨리 달려가지도 않고 또 뒤처지는 일도 없이, '모든 것이 허망하다'는 것을 알고 증오에서 떠난 수행자는 이 세상과 저 세상을 다 함께 버린다. 마치 뱀이 묵은 허물을 벗어버리듯이.

13 너무 빨리 달려가지도 않고 또 뒤처지는 일도 없이, '모든 것이 허망하다'는 것을 알고 미망迷妄에서 떠난 수행자는 이 세상과 저 세상을 다 함께 버린다. 마치 뱀이 묵은 허물을 벗어버리듯이.

14 나쁜 버릇이 조금도 없고 악의 뿌리를 뽑아버린 수행자는 이 세상과 저 세상을 다 함께 버린다. 마치 뱀이 묵은 허물을 벗어버리듯이.

15 이 세상에 다시 태어나는 인연이 되는 번뇌의 산물産物을 조금도 갖지 않은 수행자는 이 세상과 저 세상을 다 함께 버린다. 마치 뱀이 묵은 허물을 벗어버리듯이.

16 사람을 삶에 붙들어매는 원인이 되는, 애착을 조금도 갖지 않은 수행자는 이 세상과 저 세상을 다 함께 버린다. 마치 뱀이 묵은 허물을 벗어버리듯이.

17 다섯 가지 덮개[4]를 버리고 번뇌 없고 의혹을 넘어 괴로움이 없는 수행자는 이 세상과 저 세상을 다 함께 버린다. 마치 뱀이 묵은 허물을 벗어버리듯이.

---

4 이 원어(nivaranā)는 한역(漢譯)에서는 '오개(伍蓋)'로 번역됨. 탐욕, 분노, 우울, 들뜸 그리고 의심을 가리킴.

2. 다니야

18 소 치는[5] 다니야가 말했다.

"나는 이미 밥도 짓고 우유도 짜놓았습니다. 마히강[6] 기슭에서 나는 처자와 함께 살고 있습니다. 내 움막은 지붕이 덮여 있고, 불이 켜져 있습니다. 그러니 신神이여, 만일 비를 내리시려거든 비를 내리시옵소서."

19 스승은 대답하셨다.

"나는 노여움을 모르며, 마음의 어둠에서 벗어나 마히강 기슭에서 하룻밤을 묵었다. 내 움막(즉, 자신)은 드러나고 (탐욕의) 불은 꺼졌다. 그러니 신이여, 만일 비를 내리시려거든 비를 내리시옵소서."

20 소 치는 다니야가 말했다.

"모기나 쇠파리도 없고, 소들은 늪가에 우거진 풀을 뜯어 먹으며 걷고 비가 내려도 그들은 참고 견디어낼 것입니다. 그러니 신이여, 만일 비를 내리시려거든 비를 내리시옵소서."

21 스승은 대답하셨다.

"내 뗏목은 이미 잘 만들어져 있다. 역류를 극복하여 이미 강을 건너 피안에 이르렀으니 이제 뗏목은 필요 없다. 그러니 신이여, 만일 비를 내리시려거든 비를 내리시옵소서."

---

5 주(註)에 의하면 소 치는 사람은 한 마을에 정주하지 않음. 우기(雨期)인 4개월은 고지에 살지만 그 나머지 시기에는 풀을 따라 유목생활을 함. 그는 우기 4개월 초에 우기를 보낼 준비를 다 갖추었기 때문에 이렇게 말하고 있음.

6 불교학자 노이만은 고유명사가 아닌 '큰강'이라는 의미의 보통명사로 봄.

22 소 치는 다니야가 말했다.

"내 아내는 유순하고 음탕하지 않습니다. 오랫동안 함께 살아왔지만 항상 내 마음에 듭니다. 그녀에게 그 어떤 나쁜 점이 있다는 말도 들은 적이 없습니다. 그러니 신이여, 만일 비를 내리시려거든 비를 내리시옵소서."

23 스승은 대답하셨다.

"내 마음은 내게 순종하고 이미 해탈했다. 오랫동안 수양을 쌓았기 때문에 잘 다스려져 있다. 나에게는 그 어떤 나쁜 점도 없다. 그러니 신이여, 만일 비를 내리시려거든 비를 내리시옵소서."

24 소 치는 다니야가 말했다.

"나는 내 힘으로 살아가며 스스로 자신을 길러가고 있습니다. 내 자식들은 모두 건강합니다. 그들에게 그 어떤 나쁜 점도 있다는 말도 들은 적이 없습니다. 그러니 신이여, 만일 비를 내리시려거든 비를 내리시옵소서."

25 스승은 대답하셨다.

"나는 그 누구의 고용인도 아니다. 스스로 얻은 것으로 온누리를 걷는다. 남에게 고용될 필요가 없다. 그러니 신이여, 만일 비를 내리시려거든 비를 내리시옵소서."

26 소 치는 다니야가 말했다.

"아직 길들지 않은 송아지도 있고 젖을 먹는 송아지도 있습니다. 새끼를 밴 암소도 있고 교미를 원하는 암소도 있습니다. 또 그 암소의 짝인 황소도 있습니다. 그러니 신이여, 만일 비를 내리시려거든 비를 내리시옵소서."

27 스승은 대답하셨다.

"아직 길들지 않은 송아지도 없고 젖을 먹는 송아지도 없다.
새끼를 밴 암소도 없고 교미를 원하는 암소도 없다. 이 암소의
짝인 황소도 없다. 그러니 신이여, 만일 비를 내리시려거든 비
를 내리시옵소서."

28 소 치는 다니야가 말했다.

"소를 매어둘 말뚝은 단단히 박혀 있어 흔들리지 않습니다.
'문자' 풀로 만든 새 밧줄은 잘 꼬여 있기 때문에 송아지도 끊
을 수 없을 것입니다. 그러니 신이여, 만일 비를 내리시려거든
비를 내리시옵소서."

29 스승은 대답하셨다.

"황소처럼 고삐를 끊고 코끼리처럼 냄새를 풍기는 풀덩굴을
짓밟았으니 나는 다시 모태(母胎) 속으로 들어갈 수는 없을 것
이다. 그러니 신이여, 만일 비를 내리시려거든 비를 내리시옵
소서."

30 갑자기 검은 구름이 비를 뿌리니 골짜기와 언덕에 물이
넘쳤다. 신이 비를 내리시는 소리를 듣고 다니야가 다음과 같
이 말했다.

31 "우리는 존경하는 스승을 만나뵙고 실로 얻은 바가 크옵
니다. 눈을 지니신 분[7]이여, 우리는 당신께 귀의(歸依)합니다.
당신께서는 우리의 스승이 되어주시옵소서, 위대하신 성자여.

---

7 보통 부처님의 이명(異名)이라고 해석함.

32 아내도 저도 순종하면서 행복하신 분(부처님)의 곁에서 깨끗한 마음과 올바른 행을 닦을 것입니다. 그리하여 삶과 죽음의 피안에 이르러 괴로움을 벗어나게 될 것입니다."

33 악마 파피만이 말했다.

"자녀가 있는 자는 자녀로 하여 즐거움을 얻고, 소를 가진 자는 소로 하여 즐거움을 얻는다. 인간이 사물에 집착하는 것은 기쁨이니 집착할 것이 없는 자는 실로 기쁨이 없다."

34 스승은 대답하셨다.

"자녀가 있는 자는 자녀로 하여 근심하고, 소를 가진 자는 소로 하여 근심한다. 실로 인간이 집착하는 것이 근심이니 집착할 것이 없는 사람은 근심할 것도 없다."

3. 무소의 뿔

35 모든 중생에 대하여 폭력을 쓰지 말고, 모든 중생의 어느 하나도 괴롭히지 말며, 또 자녀를 두려고 원하지도 마라. 하물며 친구랴. 무소의 뿔처럼 오직 혼자서 걸어가라.

36 서로 사귄 사람에게는 사랑과 그리움이 일어난다. 사랑과 그리움으로 인하여 괴로움이 생긴다. 사랑과 그리움에서 우환이 생기는 것을 보고 무소의 뿔처럼 오직 혼자서 걸어가라.

37 벗을 측은히 생각하여 마음이 흔들리면 자기에게 이로움이 없다. 친밀한 속에는 이런 우려가 있음을 알고 무소의 뿔

처럼 오직 혼자서 걸어가라.

38 자식이나 아내에 대한 애착은 마치 가지가 무성한 대나무가 서로 엉켜 있는 것과 같다. 죽순竹筍이 다른 것에 달라 붙지 않도록 무소의 뿔처럼 오직 혼자서 걸어가라.

39 마치 숲속에서 묶여 있지 않은 사슴이 먹이를 찾아 여기저기 돌아다니듯이, 슬기로운 사람은 독립된 자유를 찾아 무소의 뿔처럼 오직 혼자서 걸어가라.

40 동반자와 함께 있으면, 몸을 쉬거나 일어서거나 걸어가거나 여행하는 데 언제나 참견하게 된다. 남들이 원치 않는 독립과 자유를 찾아 무소의 뿔처럼 오직 혼자서 걸어가라.

41 동반자와 함께 있으면 유희와 환락이 있고 자녀에 대한 애정(pema)은 더욱 커진다. 사랑하는 사람과 헤어지기 싫더라도 무소의 뿔처럼 오직 혼자서 걸어가라.

42 사방으로 돌아다니면서 남을 해치려는 마음을 갖지 말고, 무엇이든 가진 것으로 만족하며, 온갖 고난을 견디며, 두려움을 갖지 말고 무소의 뿔처럼 오직 혼자서 걸어가라.

43 출가한 몸으로 여전히 불만을 갖는 사람이 있다. 이는 또한 재가자在家者도 마찬가지다. 남의 자녀에게 집념하지 말고 무소의 뿔처럼 오직 혼자서 걸어가라.

44 잎이 진 코빌라라(kovilāra)[8]나무처럼 재가자의 증표[9]를

---

8 흑단(黑檀)의 일종.

9 머리와 수염을 기르고 흰 옷을 입고 장식품, 화환, 향료와 도료를 사용하고 처자와 노비가 있음.

버리고 재가의 속박을 끊고 용기있는 자는 오직 혼자서 걸어가라.

45 만일 그대가 현명하고, 잘 협조하며, 행실이 올바르고 영민한 동반자를 얻게 되면, 모든 재난을 극복하여 기쁜 마음으로 생각을 가다듬고 그와 함께 걸어가라.

46 그러나 만일 그대가 현명하고 잘 협조하며 행실이 올바르고 영민한 동반자를 얻지 못하면 마치 왕이 정복한 나라를 버리듯이 무소의 뿔처럼 오직 혼자서 걸어가라.

47 우리는 참으로 친구 얻는 행운을 찬양한다. 자기보다 뛰어나거나 동등한 친구와는 가까이 지내야 한다. 그러나 만일 이러한 벗을 얻을 수 없으면 허물을 짓지 말고 무소의 뿔처럼 오직 혼자서 걸어가라.

48 금세공金細工이 잘 만들어낸 번쩍이는 황금 팔찌가 한쪽 팔에서 서로 부딪치는 것을 보고, 무소의 뿔처럼 오직 혼자서 걸어가라.

49 이렇게 두 사람이 서로 가까이 있으면 말썽과 갈등이 일어날 것이다. 앞으로 이런 우려가 있음을 알고, 무소의 뿔처럼 오직 혼자서 걸어가라.

50 실로 욕망은 화려하고 감미로우며 유쾌하여 여러 가지로 마음을 교란시킨다. 욕망의 대상에는 이런 우환이 있음을 알고 무소의 뿔처럼 오직 혼자서 걸어가라.

51 이것이 나에게는 재앙이요, 종기요, 화근이요, 질병이요, 화살이요, 공포다. 모든 욕망의 대상에는 이런 두려움이 있

음을 알고 무소의 뿔처럼 오직 혼자서 걸어가라.

52 추위와 더위, 굶주림과 갈증, 바람과 뜨거운 햇볕, 쇠파리와 뱀, 이 모든 것을 극복하고 무소의 뿔처럼 오직 혼자서 걸어가라.

53 마치 어깨가 잘 발육되고 반점이 있는 큰 코끼리가 그 무리를 떠나서 마음대로 숲속을 돌아다니듯이, 무소의 뿔처럼 오직 혼자서 걸어가라.

54 모임을 즐기는 사람에게는 한때의 해탈에 이를 겨를이 없다. 태양의 후예 불타佛陀가 한 말씀을 명심하여 무소의 뿔처럼 오직 혼자서 걸어가라.

55 서로 논쟁을 일삼는 철학적 이론을 초월하고 깨달음에 이르는 결론에 도달하여 도道를 얻은 자는, '나는 지혜를 깨쳤으니 이제는 남의 지도를 받을 필요가 없다'는 것을 알고 무소의 뿔처럼 오직 혼자서 걸어가라.

56 탐내지 말고, 속이지 말며, 갈망하지 말고, 남의 덕을 덮어두지 마라. 혼탁과 미망을 버리고 세상에서 일체의 애착을 버린 자가 되어, 무소의 뿔처럼 오직 혼자서 걸어가라.

57 의義롭지 못한 것을 보고 비뚤어진 길에 사로잡혀 있는 나쁜 벗을 멀리하라. 탐욕에 빠져 게으른 사람과 친하지 말고, 무소의 뿔처럼 오직 혼자서 걸어가라.

58 아는 것이 풍부하고 진리를 분간하며 고매하고 영특한 친구와 사귀라. 이는 여러 가지로 이로우니, 의혹에서 떠나 무소의 뿔처럼 오직 혼자서 걸어가라.

59 세상의 유희나 오락·쾌락에 만족하지 말고, 이에 끌리는 일 없이 겉치레를 떠나 진실을 말하며, 무소의 뿔처럼 오직 혼자서 걸어가라.

60 처자나 부모 친척 그리고 재산이나 곡식, 그 밖의 욕망까지도 다 버리고 무소의 뿔처럼 오직 혼자서 걸어가라.

61 '이것은 집착이구나. 여기에는 즐거움과 유쾌함이 적은 반면에 괴로움이 많으며, 따라서 이것은 물고기를 낚는 낚시다' 하고 깨닫고 현명한 자는 무소의 뿔처럼 오직 혼자서 걸어가라.

62 물속의 물고기가 그물을 찢듯이, 또한 이미 불이 다 탄 곳에는 다시 불이 붙지 않듯이, 모든 번뇌의 매듭을 끊어버리고 무소의 뿔처럼 오직 혼자서 걸어가라.

63 우러러보고 정처 없이 헤매지 말며, 여러 가지 감관感官을 막아 마음을 지켜, (번뇌가) 흘러나오는 일 없이, (번뇌의 불에) 타는 일도 없이, 무소의 뿔처럼 오직 혼자서 걸어가라.

64 잎이 진 파리차타나무처럼, 재가자의 여러 가지 증표를 버리고 집을 나와 법의法衣를 걸치고 무소의 뿔처럼 오직 혼자서 걸어가라.

65 여러 가지 맛에 탐닉하지 말고 욕구하지 말며, 남을 부양하지 말며 문전마다 걸식하며 어느 집에도 집착하지 말고, 무소의 뿔처럼 오직 혼자서 걸어가라.

66 마음의 다섯 가지 덮개를 부숴버리고, 모든 번뇌에서 떠나 의지하지 말며, 애욕을 버리고 무소의 뿔처럼 오직 혼자서

걸어가라.

67 일찍이 경험한 즐거움과 괴로움, 그리고 기쁨과 두려움을 버리고, 맑고 고요한 마음으로 무소의 뿔처럼 오직 혼자서 걸어가라.

68 최고의 목적을 달성하기 위해 힘쓰며, 마음을 늦추지 말고 행동을 게을리하지 말며, 힘차게 활동하여 체력과 지력을 갖추어, 무소의 뿔처럼 오직 혼자서 걸어가라.

69 홀로 앉아 선정禪定을 버리지 말고, 모든 행동을 항상 참된 이법理法에 따라서 하며, 여러 가지 삶에 우환이 있음을 분명히 알고, 무소의 뿔처럼 오직 혼자서 걸어가라.

70 애착을 없애기 위해 꾸준히 힘쓰고, 벙어리도 되지 말고, 학식이 있고 마음을 안정시켜 이법을 확실히 알며, 자제하고 노력해서 무소의 뿔처럼 오직 혼자서 걸어가라.

71 큰 소리에도 놀라지 않는 사자같이, 또한 그물에 걸리지 않는 바람같이, 물에 더럽혀지지 않는 연꽃같이, 무소의 뿔처럼 오직 혼자서 걸어가라.

72 뭇 짐승의 왕으로 이빨이 강한 사자가 다른 짐승들을 물리치고 억누르듯이, 변경邊境서 사는 생활에 친숙하고 무소의 뿔처럼 오직 혼자서 걸어가라.

73 자비와 평정과 연민 그리고 해탈과 즐거움을 때에 따라 잘 다스려, 세상을 등지는 일 없이 무소의 뿔처럼 오직 혼자서 걸어가라.

74 탐욕과 증오와 미망을 버리고, 집착의 매듭을 끊어, 목

숨을 바치는 일이 있더라도 두려워하지 말며, 무소의 뿔처럼 오직 혼자서 걸어가라.

75 사람들은 자기의 이익을 위해 사귀며 또 남을 섬긴다. 오늘날 이익을 구하지 않는 친구는 찾아볼 수 없다. 자기 이익만을 아는 사람은 마음이 깨끗하지 않으니, 무소의 뿔처럼 오직 혼자서 걸어가라.

4. 밭을 가는 바라드바자

내가 들으니 언젠가 스승(부처님)께서 마가다국의 남산(南山, Dakkhinm·āgiri)[10]에 있는 '하나의 새'[11]라는 바라문 마을에 계셨다. 그때 밭을 가는 농부인 바라드바자(Bharadvaja)가 씨를 뿌리기 위해 오백 개의 쟁기를 소에게 매었다. 그때 스승께서는 오전에 내의를 입고 중의[12]를 걸친 뒤 바리때를 들고 바라문 바라드바자가 일하는 곳에 가셨다. 때마침 그는 먹을 것을 나눠주고 있었다.

스승이 그곳에 가까이 가 한쪽에 멈춰선즉 바라문 바라드바자가 음식을 얻기 위해 서 계신 스승을 보고 말하기를, "세존이

---

10 마가다국의 수도 왕사성(王舍城)을 둘러싸고 있는 산 남면에 있었던 취락을 말함.

11 띠·억새 따위의 총칭.

12 어깨에 걸치는 가사를 말함.

시여, 저는 밭을 갈고 씨를 뿌린 뒤에 먹기로 하였습니다. 스승께서도 밭을 갈고 씨를 뿌린 뒤에 공양을 하도록 하시지요."

스승께서 대답해 말씀하시기를,

"바라문이여, 나도 밭을 갈고 씨를 뿌린다. 갈고 뿌린 다음 먹는다."

바라문이 말하기를,

"그렇지만 스승께서는 멍에도 쟁기도 쟁깃날도 고무래도 소도 찾아볼 수 없습니다. 그런데 어찌 당신은 '바라문이여, 나도 밭을 갈고 씨를 뿌린다. 갈고 뿌린 다음 먹는다' 하십니까?"

이렇게 말하고 바라문 바라드바자는 시로써 다음과 같이 스승에게 물었다.

76 "당신은 농부라고 자칭하시지만 우리는 당신이 밭을 가는 것을 본 일이 없습니다. 당신이 밭을 간다는 것을 우리가 알아들을 수 있도록 말씀해 주십시오."

77 스승께서 대답하셨다.

"신앙은 내 씨앗이고, 고행은 비〔雨〕며, 지혜는 내 멍에와 쟁기고, 부끄러운 마음은 쟁깃대며, 의지는 밧줄이고 사념思念은 내 쟁깃날과 고무래다.

78 나는 몸을 조심하고, 말을 삼가하며, 음식을 절제하여 과식하는 일이 없다. 나는 진실을 김매듯 가꾸고, 온유함은 내 멍에를 벗어버리는 것을 뜻한다.

79 노력은 내 황소로, 편안한 곳으로 나를 인도해 준다. 뒤로 물러서는 일 없이 앞으로 나아가 그곳에 이르면 근심걱정이

없다.

80 이 밭갈이는 이와 같이 이루어져 감로甘露 같은 과보를 가져온다. 이 밭을 갈면 모든 고뇌로부터 해방된다."

그때 밭을 가는 바라문 바라드바자는 큰 청동 바리때에 우유죽을 하나 가득 담아 스승에게 올렸다.

"고타마께서는 감로 같은 과보를 가져오는 밭갈이를 하시는 분이니 이 우유죽을 드시옵소서."

81 "시를 읊어서 얻은[13] 것을 내가 먹어서는 안 된다. 바라문이여, 이것은 깨달은 자들이 하는 도리가 아니다. 시를 읊어서 얻은 것을 깨달은 자들은 물리치는 것이다. 바라문이여, 도리에 따르는 것이 깨달은 자들의 생활방도다.

82 완전한 자(kevalin)의 대선인大仙人, 번뇌의 더러움을 다 없애고 나쁜 행위가 소멸한 자에 대해서는 다른 음식을 드리도록 하라. 이것은 공덕을 원하는 자의 복된 터전이기 때문이다."

"세존이시여, 그러면 이 우유죽을 저는 누구에게 드려야 하옵니까?"

"바라문이여, 실로 신들과 악마와 범천梵天이 한 곳에 얽힌 세계에서 신들과 인간 그리고 도를 닦는 자, 또한 바라문을 포함한 모든 중생 가운데서 완전한 여래如來와 그의 제자를 제외하고는, 이 우유죽을 풀이 나지 않은 곳에 버리거나 미물이 없

---

13 제 480~481시 참조. 원문에는 gāthābhigitam으로 되어 있는데, 그것은 불교 이전의 바라문교의 제의서(祭儀書)의 표현을 딴 것임.

는 물속에 버리도록 하라."

이리하여 바라드바자는 그 우유죽을 미물이 없는 물속에 던져버리니 종일 햇볕에 단 쟁깃날을 물속에 넣었을 때 부글부글거리며 무럭무럭 김이 솟아나듯이 그 우유죽은 찌-찌-소리를 내며 김이 무럭무럭 솟아나니, 바라문 바라드바자는 두려움에 떨며 소름이 끼쳐 부처님(스승)에게 가까이 다가가 그 발에 머리를 조아리고 여쭈었다.

"놀랍습니다. 세존이시여, 마치 넘어진 자를 일으키듯, 덮여 있는 것을 벗겨주듯, 길잃은 이에게 길을 가리켜주듯, 혹 '눈이 있는 자는 빛깔을 보리라' 하여 어둠 속에서 횃불을 비춰주듯, 부처님께서는 여러 가지로 법을 분명히 설해 주셨습니다. 저는 부처님에게 귀의하며, 또 법과 수행승에게 귀의하고 부처님의 곁에 출가하여 완전한 계율을 받겠습니다."

그리하여 밭을 가는 바라문 바라드바자는 스승이신 부처님의 곁에 출가하여 완전한 계율을 받고 이윽고 다른 사람들에게서 멀리 떠나, 마음을 오직 한 곳으로 가다듬어 뒤에 더 없는 청정한 극치—여러 어진 남자들은 이를 얻기 위해 집을 나와 집 없는 상태가 된 것인데—를 현세에서 스스로 깨달은 동시에 이를 입증하고 구현하여 나날을 보냈다. '태어나는 일은 끝났다. 깨끗한 행은 이미 이루어졌으며 마땅히 해야 할 일을 다 했으니 이제 다시는 이러한 삶을 얻을 수는 없다'고 깨닫게 되어 바라드바자 장로長老는 성자의 한 사람이 되었다.

5. 춘다[14]

83 대장간의 아들 춘다(Cunda)가 말했다.

"위대한 지혜를 가진 성자, 깨달은 이, 진리의 주인, 애착을 떠난 분, 인류의 가장 높으신 이, 뛰어나신 인도자에게 묻습니다. 세상에 어떤 수행자가 있는지 말씀해 주시옵소서."

84 스승(부처님)께서 대답해 말씀하셨다.

"춘다여, 네 종류의 수행자가 있고 다섯 종류의 수행자는 없다. 이제 너의 물음에 대해 이를 분명히 알려주겠다―그것은 '도의 승리자'[15] '도를 논하는 자' '도에 사는 자' '도를 더럽히는 자'다."

85 춘다가 말했다.

"깨달은 자들은 누구를 '도의 승리자'라 부릅니까? 또 '도를 논하는 자'는 어찌하여 다른 사람과 비할 바가 없습니까? 그리고 '도에 산다'는 말을 설명해 주시고 '도를 더럽히는 자'도 저에게 분명히 가르쳐주시옵소서."

86 "의혹을 초월하고, 고뇌를 떠나 열반을 즐기며, 탐욕을 버리고 신들이 포함한 세계를 인도하는 자―깨달은 자들은 이를 '도의 승리자'라고 말한다.

87 이 세상에서 가장 뛰어난 것을 알고 법을 잘 판단하여

---

14 이 일련의 시구는 파바에서 부처님이 대장장이 춘다에게 설교한 설법의 요령을 후세 사람이 정리한 것임.

15 원어는 지나(jina)인데 번뇌를 극복한 사람이므로 이렇게 불림.

논하며 의혹을 끊어버리고, 마음이 흔들리지 않는 성자를 수행자들 사이에서 '도를 논하는 자'라 부른다.

88   잘 설명된 법의 말씀인 도에 살며, 스스로 억제하고 생각하는 것이 깊으며, 올바른 말을 따르는 자를 수행자들 속에서 '도에 사는 자'라 부른다.

89   계율을 잘 지키는 체하며 고집이 세고, 가문을 더럽히며, 거만하고 거짓을 일삼으며, 자제하는 마음이 없고 말이 많으며, 슬기로운 듯 행동하는 자를 '도를 더럽히는 자'라 한다.

90   학식이 있고 총명한 재가在家의 성스러운 신도는, 그들(네 종류의 수행자)이 이러함을 알고 또한 그들을 이렇게 간주하더라도 그 신도의 믿음은 결코 손상되지 않는다. 그들이 어찌 더러운 것과 더럽지 않은 것, 깨끗한 것과 깨끗하지 않은 것을 똑같이 볼 수 있겠는가."

6. 파 멸

내가 들으니 어느 때 스승(부처님)께서 사바티(Sāvatthi:舍衛城)의 제타숲(Jetavana) 고독한 자들에게 음식을 나눠주는 장자長者의 동산에 계실 때, 용모가 수려한 한 신이 밤중이 지나 제타숲을 살살이 비추며 부처님 곁에 다가왔다. 가까이 와서는 스승에게 절을 하고 한쪽에 섰다. 그리고는 신을 향해 시를 지어 다음과 같이 호소했다.

91 "우리는 파멸되는 인간의 일에 대하여 부처님께 묻고자 하옵니다. 파멸에 이르는 문은 어떤 것인지 스승의 견해를 듣고자 여기 왔습니다."

92 스승께서 대답해 말씀하셨다.

"번영하는 사람을 알아보기는 쉽지만, 이에 못지않게 파멸에 이르른 사람을 알아보기도 쉽다. 참된 이치를 아끼는 자는 성하고 이를 혐오하는 자는 패한다."

93 "잘 알겠습니다. 옳은 말씀이십니다. 이것이 첫번째의 파멸입니다. 세존이시여, 두번째 것을 말씀해 주시옵소서. 파멸에 이르는 문은 어떤 것입니까?"

94 "착한 사람을 아끼지 않고 악한 사람을 아끼며 그 버릇을 즐기는 것이 파멸에 이르는 문이다."

95 "잘 알겠습니다. 옳은 말씀이십니다. 이것이 두번째 파멸입니다. 세존이시여, 세번째 것을 말씀해 주시옵소서. 파멸에 이르는 문은 어떤 것입니까?"

96 "잠꾸러기며 여럿이 모이는 것을 즐기며 애써서 노력하는 일이 없이 게으르고 곧잘 화내는 것을 능사로 하는 사람이 있는데, 이는 파멸에 이르는 문이다."

97 "잘 알겠습니다. 옳은 말씀이십니다. 이것이 세번째의 파멸입니다. 세존이시여, 네번째 것을 말씀해 주시옵소서. 파멸에 이르는 문은 어떤 것입니까?"

98 "풍족하게 살고 있음에도 불구하고 늙고 쇠약한 부모를 부양하지 않는 이가 있으니 이것이 파멸에 이르는 문이다."

99 "잘 알겠습니다. 옳은 말씀이십니다. 이것이 네번째의 파멸입니다. 세존이시여, 다섯번째 것을 말씀해 주시옵소서. 파멸에 이르는 문은 어떤 것입니까?"

100 "바라문과 또는 도를 닦는 자[16]와 그 밖의 걸식하는 자를 거짓말로 속인다[17]면 이는 파멸에 이르는 문이다."

101 "잘 알겠습니다. 옳은 말씀이십니다. 이것이 다섯번째 파멸입니다. 세존이시여, 여섯번째 것을 말씀해 주시옵소서. 파멸에 이르는 문은 어떤 것입니까?"

102 "재산이 많아 황금과 식량이 충분한 자가 좋은 음식을 혼자서 먹으면 이는 파멸에 이르는 문이다."

103 "잘 알겠습니다. 옳은 말씀이십니다. 이것이 여섯번째 파멸입니다. 세존이시여, 일곱번째 것을 말씀해 주시옵소서. 파멸에 이르는 문은 어떤 것입니까?"

104 "혈통을 자랑하고 재산을 자랑하며 가문을 자랑하되 자기의 친척을 경멸하는 자가 있으니 이는 파멸에 이르는 문이다."

105 "잘 알겠습니다. 옳은 말씀이십니다. 이것이 일곱번째 파멸입니다. 세존이시여, 여덟번째 것을 말씀해 주시옵소서. 파멸에 이르는 문은 어떤 것입니까?"

106 "주색에 빠지고 도박을 즐기며 얻는 대로 번번이 잃어

---

16 제129시 참조.

17 이들 수행자에게 '무엇이든 바라는 것을 말씀해 주십시오' 하고 말한 뒤 그 것을 주지 않으면 속인 셈이 됨.

버리는 자가 있으니 이는 파멸에 이르는 문이다."

107 "잘 알겠습니다. 옳은 말씀이십니다. 이것이 여덟번째 파멸입니다. 세존이시여, 아홉번째 것을 말씀해 주시옵소서. 파멸에 이르는 문은 어떤 것입니까?"

108 "자기 아내에게 만족하지 않고 매춘부와 어울리며 남의 아내와 가까이하는 것은 파멸에 이르는 문이다."

109 "잘 알겠습니다. 옳은 말씀이십니다. 이것이 아홉번째 파멸입니다. 세존이시여, 열번째 것을 말씀해 주시옵소서. 파멸에 이르는 문은 어떤 것입니까?"

110 "성년기를 지난 사내가 틴발(과일이름)처럼 불룩한 유방을 가진 젊은 여자를 유혹하고 또 그녀에 대한 질투로 밤잠도 자지 않는 것은 파멸에 이르는 문이다."

111 "잘 알겠습니다. 옳은 말씀이십니다. 이것이 열번째 파멸입니다. 세존이시여, 열한번째 것을 말씀해 주시옵소서. 파멸에 이르는 문은 어떤 것입니까?"

112 "술과 고기로만 배를 불리며 재물을 낭비하는 여자나 남자에게 가업을 맡기는 것은 파멸에 이르는 문이다."

113 "잘 알겠습니다. 옳은 말씀이십니다. 이것이 열한번째 파멸입니다. 세존이시여, 열두번째 것을 말씀해 주시옵소서. 파멸에 이르는 문은 어떤 것입니까?"

114 "무사武士의 집에 태어난 자가 권세는 적지만 욕심은 커서 세상에서 왕위를 얻으려고 하면 이는 파멸에 이르는 문이다."

115 "이 세상에는 여러 가지 파멸이 있음을 알고 현자와 성

자는 진리를 통찰하여 행복한 세계[18]에 이르는 것이다."

7. 천한 사람

내가 들으니 어느 때 스승(부처님)께서 사바티의 제타숲속 고독한 자들에게 음식을 나눠주는 장자의 동산에 계셨다. 그때 스승께서는 오전에 내의를 입고 바리때와 중의를 걸치고 탁발 托鉢하기 위해 사바티에 들어가셨다. 때마침 불을 섬기는 바라문 바라드바자의 집에 성화聖火가 켜지고 공물供物을 준비해 놓았었다.

스승께서 바리때를 들고 사바티의 거리를 돌아다니며 탁발하며 그의 거처에 가까이 가셨다. 불을 섬기는 바라문 바라드바자가 스승께서 멀리서 오시는 것을 보고 스승에게 말했다.

"까까중이여, 거기 서 있으라. 거짓 도인이여, 거기 서 있으라. 천한 자[19]여, 거기 서 있으라."

이 말을 듣고 스승께서는 바라문 바라드바자에게 말씀하셨다.

"바라문이여 그대는 대체 천한 자를 알고 있느냐? 그리고 인간을 천하게 하는 조건을 알고 있느냐?"

"고타마(부처님)여, 나는 인간을 천하게 하는 조건을 알지

---

18 신들의 세계를 말함.
19 원어는 vasala인데 outcast라 불리고 인도의 어느 계층에도 속하지 않는 가장 비천한 사람들을 말함.

못하오. 부디 나에게 인간을 천하게 만드는 조건을 알 수 있게 설명해 주시오."

"바라문이여 그러면 내 이제 설명할 것이니 잘 들어보라."

"어서 말해 주오."

불을 섬기는 바라문 바라드바자는 부처님에게 말했다. 이에 부처님은 다음과 같이 말씀하셨다.

116 "화를 잘 내며 원한을 품고, 흉악하여 남의 미덕을 덮어버리고, 그릇된 견해를 가지고 남을 술책하는 자—이는 천한 자임을 알라.

117 한 번 태어나는 것이나 두 번 태어나는 것을 막론하고, 생명 있는 것을 해치고 이에 대하여 측은한 마음을 갖지 않는 자—이는 천한 자임을 알라.

118 마을이나 거리를 파괴하고 포위하며, 일반에게 압제자로 알려진 자—이는 천한 자임을 알라.

119 마을에 있거나 숲속에 있을 때, 남의 소유물을 훔치려는 생각으로 이를 취하는 자—이는 천한 자임을 알라.

120 실제로 빚이 있는데도 갚아달라는 독촉을 받으면 '당신에게 빚진 일이 없다' 하며 이를 거부하는 자—이는 천한 자임을 알라.

121 얼마 되지 않는 물건을 탐내어 길 가는 자를 살해하고, 그것을 약탈하는 자—이는 천한 자임을 알라.

122 증인으로 심문을 받을 때, 자기나 남, 또는 재물을 위해 거짓 증언을 하는 자—이는 천한 자임을 알라.

123 폭력을 사용하거나, 혹은 눈이 맞아 친척이나 친구의 아내를 가까이하는 자—이는 천한 자임을 알라.

124 자기는 재산이 많은데도[20] 늙은 부모를 부양하지 않는 자—이는 천한 자임을 알라.

125 부모나 형제 또는 자매를 때리거나 욕하는 자—이는 천한 자임을 알라.

126 상대방이 자기에게 이로운 것을 물었을 때 해로운 것을 가르치며 거짓말을 하는 자—이는 천한 자임을 알라.

127 악한 일을 하고도 '내가 한 일을 아무도 몰라주었으면' 하고 바라며 속임수가 있는 자—이는 천한 자임을 알라.

128 남의 집에 가서는 성찬으로 대접을 받으면서 손님이 왔을 때에는 답례로 후히 대접하지 않는 자—이는 천한 자임을 알라.

129 바라문 또는 도를 닦는 자[21], 그리고 또 그 밖에 걸식하는 자를 거짓말로 속이는 자—이는 천한 자임을 알라.

130 공양할 때가 되었는데 바라문 또는 도를 닦는 자를 욕하며 음식을 나눠주지 않는 자—이는 천한 자임을 알라.

131 이 세상에서 어리석음에 덮여, 사소한 것을 탐내며 거짓말을 하는 자—이는 천한 자임을 알라.

132 자기를 자랑하고 남을 경멸하며, 자만심으로 비굴해진 자—이는 천한 자임을 알라.

---

20 제98시 참조.
21 제100시 참조.

133 남을 고뇌 속에 몰아넣고, 욕심이 많으며 인색하고 덕이 없으면서 존경을 받으려고 하면서도 부끄러운 줄 모르는 자—이는 천한 자임을 알라.

134 도를 깨친 자와 그 제자인 출가자와 재가자를 비난하는 자—이는 천한 자임을 알라.

135 실제는 존경받을 만한 자가 못 되는데도 존경을 받을 만하다고 자칭하고, 범천을 포함한 세계의 도적인 자—이는 그야말로 가장 천한 자다. 내가 너에게 말한 이들은 다 천한 자임을 알라.

136 날 때부터 천한 자가 되는 것이 아니며 날 때부터 바라문이 되는 것이 아니다. 행위에 의해 천한 자도 되며, 행위에 의해 바라문도 되는 것이다.

137 내가 그 실례를 들고자 하니, 내 이야기를 잘 이해하도록 하라. 찬다라족의 자손인 개백정 마탕가로 세상에 널리 알려진 자가 있었다.

138 마탕가는 실로 얻을 수 없는 가장 높은 명예를 얻었다. 많은 왕족들과 바라문들은 그에게 봉사하기 위하여 모여들었다.

139 그는 신들의 길,[22] 더러운 티끌에서 떠나 큰 길에 올라 탐욕을 벗어버리고 범천의 세계에 이르렀다. 천한 태생도 범천의 세계에 태어남을 방해하지 않는 것이다.

---

22 《리그베다》에서는 신들이 천계(天界)에서 제장(祭場)으로 왕래하는 길, 혹은 사자(死者)의 영혼이 신들 곁으로 가는 길을 의미함.

140 베다를 애송하는 집에 태어나, 베다의 글귀에 친숙한 바라문들도 때때로 악한 행위를 하는 것을 볼 수 있다.

141 그렇게 되면 현세에서는 비난을 받고 내세에서는 나쁜 곳[三惡途]에 태어난다. 신분이 높은 태생도 그들이 나쁜 곳에 태어나거나 비난을 받는 것을 막을 도리가 없다.

142 날 때부터 천한 자가 되는 것이 아니고, 날 때부터 바라문이 되는 것이 아니다. 행위에 의하여 천한 자도 되고 행위에 의하여 바라문도 되는 것이다."

이렇게 설법했을 때 불을 섬기는 바라문 바라드바자는 스승께 말하기를,

"놀랍습니다. 세존이시여, 마치 넘어진 사람을 일으키듯, 덮여 있는 것을 벗겨주듯, 길 잃은 자에게 길을 가리켜주듯 혹 '눈 있는 자들은 빛깔을 보리라' 하고 어둠 속에서 횃불을 비춰주듯, 고타마께서는 여러 가지로 법을 분명히 가르쳐주셨습니다. 이제 저는 고타마께 귀의하며 또 법과 수행승들의 모임에 귀의합니다. 고타마께서는 오늘부터 목숨이 다할 때까지 저를 귀의한 재가 신도로서 받아주시옵소서."

8. 자 비

143 사물에 통달한 사람이 평안의 경지에 이르러 해야 할 일은 다음과 같다. 모름지기 슬기롭고 정직하며 바르고 말씨는

부드러우며, 잘난 체하지 않는 자가 되는 것이다.

144 만족할 줄 알고, 욕심을 기르지 말며, 잡일을 줄이고, 생활은 간소하게 하며, 여러 감관感官이 안정되고 총명하여 마음이 흐트러지지 않으며, 남의 집에 가서도 탐욕하지 마라.

145 식자識者들의 비난을 사는 비열한 행동은 결단코 삼가야 한다. 모든 중생은 다 행복하고 태평하고 안락하라.

146 어떤 생물이든, 즉 겁이 많은 것이든 담이 큰 것이든 또 덩치가 길든 크든 짧든 중간쯤 되든, 그리고 섬세하게 생겼든 육중하게 생겼든.

147 눈에 보이는 것이든 보이지 않는 것이든, 멀리 사는 것이든 가까이 사는 것이든, 이미 태어난 것이든 앞으로 태어나려고 하는 것이든 일체의 중생은 행복할 것이다.

148 상대방이 누구든 속여서는 안 된다. 어디를 가나 남을 멸시하지 마라. 또한 남을 골려줄 생각으로 화를 내어 남을 괴롭혀서도 안 된다.

149 마치 어머니가 목숨을 다하여 자기의 외아들을 지키듯 일체 중생에 대하여 무한한 자비심을 베풀라.

150 또한 온 세계에 대하여 끝없는 자비심을 베풀라. 위와 아래, 그리고 옆에 장해와 원한과 적의가 없도록 자비를 행하라.

151 서나 걸으나 앉으나 눕거나 잠자고 있지 않는 한, 이 (자비의) 마음씨를 굳게 가져라. 세상에서는 마음의 이런 상태를 숭고한 경지라 한다.

152 모든 그릇된 견해에 사로잡히지 말고, 계율을 지키며,

사리事理에 밝아 온갖 탐욕에서 벗어난 자는 결코 다시 모태母
胎로 돌아가는 일이 없을 것이다.

9. 설산(雪山)에 거주하는 자

153 칠악 야차七惡夜叉[23]가 말했다.

"오늘은 십오일 보름, 우포사타(uposatha)[24] 포살布薩날이
다. 빛나는 밤이 다가왔다. 이제 우리는 세상에서도 뛰어난 스
승이신 고타마(부처님)를 뵈러 가자."

154 설산 야차雪山夜叉가 말했다.

"그는 일체의 중생에 대하여 안정된 마음일까? 그리고 그의
마음은 원하는 것과 원치 않는 것을 잘 억제하고 있을까?"

155 칠악 야차가 말했다.

"그(부처님)는 일체 중생에 대하여 마음이 안정되어 있다.
그리고, 그의 마음은 원하는 것과 원치 않는 것에 대하여 잘 억
제하고 있다."

156 설산 야차가 말했다.

"그는 자기에게 주어지지 않은 것을 가지려 하지 않는가? 그

---

23 원어는 Sātāgirayakkha인데, 주석에 의하면 중인도의 사타산에 살던 야차.
야차는 본디 신적 존재, 영적 존재를 의미했으나 나중에는 귀신의 일종으로
생각함.

24 불교에서 약 일주일에 한 번, 한 달에 네 번 행하는 행사인데 보름과 그믐날
에 출가 수행자들이 한 곳에 모여 계율을 읽고 지은 죄를 참회함.

는 중생을 죽이지 않도록 자제할 수 있는가? 그는 게으름에서 멀리 벗어나 있는가? 그는 정신통일을 그만두지 않는가?"

157 칠악 야차가 말했다.

"그는 주지 않는 것은 갖지 않는다. 중생을 죽이려 하지도 않는다. 게으름에서 벗어나 있다. 또한 정신통일을 그만두지 않고 있다."

158 설산 야차가 말했다.

"그는 거짓말을 하지 않을까? 혹독한 욕설을 퍼붓지 않을까? 남을 이간시키는 말을 하지 않을까? 쓸데없는 말을 하지 않을까?"

159 칠악 야차가 말했다.

"그는 거짓말을 하지 않는다. 혹독한 욕설을 퍼붓지도 않는다. 또 남을 이간시키는 말도 하지 않는다. 쓸데없는 말을 하는 일도 없다."

160 설산 야차가 말했다.

"그는 욕망의 향락에 빠지지 않을까? 그의 마음은 흐려 있지 않을까? 그는 미망迷妄을 초월하였을까? 만사를 분명히 보는 눈을 가지고 있을까?"

161 칠악 야차가 말했다.

"그는 욕망의 향락에 빠지지 않는다. 그의 마음은 흐려 있지 않다. 그는 모든 미망을 초월했다. 그리고 만사를 분명히 보는 눈을 가지고 있다."

162 설산 야차가 말했다.

"그는 밝은 지혜를 가지고 있는가? 그의 행위에는 전혀 때가 묻지 않았는가? 그의 번뇌는 소멸하였는가? 그는 이미 다시 세상에 태어나는 일이 없는가?"

163 칠악 야차가 말했다.

"그는 밝은 지혜를 가지고 있다. 그의 행위에는 전혀 때가 묻지 않았다. 그는 모든 번뇌를 소멸해 버렸다. 그는 이미 세상에 다시 태어나는 일이 없다."

163-a 설산 야차가 말했다.

"성자의 마음은 말과 행동에 잘 나타나 있다. 밝은 지혜와 청정한 행을 갖추고 있는 그를 그대가 찬탄하는 것은 당연한 일이다.

163-b 성자의 마음은 말과 행동에 잘 나타나 있다. 밝은 지혜와 청정한 행을 갖추고 있는 그를 그대가 기뻐하는 것은 당연한 일이다."

164 칠악 야차가 말했다.

"성자의 마음은 말과 행동에 잘 나타나 있다. 자, 우리는 밝은 지혜와 청정한 행을 갖추고 있는 고타마를 뵈러 가자."

165 설산 야차가 말했다.

"그 성자는 염소의 다리처럼 마르고 총명하며, 식사를 적게 하며, 탐내는 일 없이 숲속에서 명상에 잠겨 있으니, 우리는 고타마(부처님)를 뵈러 가자.

166 모든 욕망을 거들떠보지도 않고, 마치 사자나 코끼리처럼 혼자서 가는 그에게 가까이 가, 우리는 죽음의 사슬에서 벗

어나는 길을 물어보자."

167 두 야차가 말했다.

"열어 보이는 분, 설명해서 밝히는 분, 모든 사물의 궁극에 통달하고 원망과 두려움을 초월해서 눈을 뜬 고타마에게 우리 는 물어보자."

168 설산 야차가 말했다.

"세계는 무엇에서 비롯된 것입니까? 무엇에 대해서 애착을 느끼십니까? 세상사람들은 무엇에 집착해 있으며 또 무엇 때 문에 해를 당합니까?"

169 스승께서 대답하셨다.

"설산에 사는 자여, 여섯 가지[25]가 갖추어졌을 때 세계는 비 롯되며, 세계는 이 여섯 가지 것에 대하여 애착을 느끼고, 세계 는 이 여섯 가지에 집착하며, 또 세계는 이 여섯 가지에 해를 당하고 있다."

170 "세상사람들이 다 해를 당하고 있는 집착이란 대체 어 떤 것입니까? 거기서 떠나는 길을 말씀해 주십시오. 또 어떻게 하면 괴로움에서 벗어날 수 있겠습니까?"

171 "세상에는 오욕의 대상[26]이 있다. 그리고 뜻[義]의 대상 이 여섯번째가 된다. 이들에 대한 탐욕을 떠나면 괴로움에서 벗어날 수 있다.

172 "이제 세상에서 떠나는 길을 그대들에게 여실히 설명

---

25 눈, 귀, 코, 혀, 몸, 뜻을 가리킴.

26 색, 소리, 향기, 맛, 촉감을 가리킴.

하고 제시하였다. 내가 너희들에게 말하였으니 이렇게 하면 괴
로움에서 벗어날 수 있다고 생각한다."

173 "이 세상에서 누가 사나운 물결[27]을 헤치고 건너갑니
까? 이 세상에서 누가 대해[28]를 건너갑니까? 의지할 곳 없는
깊은 바다에 들어가도 누가 가라앉지 않습니까?"

174 "언제나 계율을 지키며, 지혜가 있고, 마음을 통일하여
스스로 보살피며, 생각하는 바가 있는 자는 건너기 어려운 사
나운 물결을 건널 수 있다.

175 애욕에 대한 생각을 떠나, 온갖 집착의 매듭을 초월하
여 환락을 소멸시킨 자——그는 깊은 바닷속에 가라앉지 않는
다."

176 설산 야차가 말했다.

"깊은 지혜가 있고, 미묘한 뜻을 통달하시며, 아무것도 갖지
않고, 또 욕심 많은 삶에 집착하지 않으며, 모든 일에 해탈하시
고, 하늘의 길을 가는 위대한 선인仙人을 보라.

177 "세상에 명성이 높고, 미묘한 뜻을 통달하시고, 지혜를
가르쳐주시고, 욕망의 집착에서 떠나 모든 것을 알고 현명하여
성스러운 길을 가는 저 위대한 선인을 보라.

178 "오늘 우리는 훌륭한 태양을 보고 아름다운 새벽하늘
을 맞이하여 상쾌한 기분으로 일어났다. 이는 사나운 물결을
건너 번뇌의 때가 묻지 않은 깨달은 자를 만났기 때문이다.

---

27 윤회의 생존을 사나운 물결 혹은 바다에 비유.

28 전주(前註)와 동일.

179 여기 천이나 헤아리는 야차들은 신통력이 있고 명성도 갖고 있지만, 그들은 모두 당신에게 귀의합니다. 당신은 우리들의 둘도 없는 스승이시기 때문입니다.

180 저희들은 이 마을에서 저 마을, 이 산에서 저 산으로 돌아다니며,——깨달은 자와 뛰어난 진리 앞에 고개 숙여 예배하겠습니다."

10. 아알라바카 야차

내가 들으니, 어느 때 스승(부처님)께서 아알라나라(ALavirauha)의 아알라바카(ALavaka)야차의 처소에 머물고 있었다. 그때 아알라바카 야차가 스승에게로 가까이 다가와 그에게 말했다.

"사문이여, 나가주시오."

"좋다, 벗이여" 하고 스승은 밖으로 나가셨다.

다시 야차가 말했다.

"사문이여, 들어오시오."

"좋다, 벗이여" 하고 스승은 다시 들어가셨다. 아알라바카 야차는 또 스승에게 말했다.

"사문이여, 나가주시오."

"좋다, 벗이여" 하고 스승께서 다시 나가셨다.

다시 야차가 말했다.

"사문이여, 들어오시오."

"좋다, 벗이여" 하고 부처님은 다시 들어가셨다.

세번째 아알라바카 야차는 스승에게 말했다.

"사문이여, 나가주시오."

"좋다, 벗이여" 하고 스승께서 또 밖으로 나가셨다.

또 야차가 말했다.

"사문이여, 들어오시오."

"좋다, 벗이여" 하고 스승은 또 들어가셨다.

네번째 또 아알라바카 야차는 스승에게 말했다.

"사문이여, 나가주시오."

이때 스승께서 대답하셨다.

"이제 나는 나가지 않을 것이니, 그대 마음대로 하라."

이에 야차가 말하기를,

"사문이여, 내가 당신에게 묻겠습니다. 만일 그대가 나에게 확실한 답을 해주지 않으면, 그대의 마음을 혼란하게 하여, 그대의 심장을 찢고 그대의 두 다리를 들어 갠지스강 너머로 집 어던지겠소."

스승께서 말씀하셨다.

"벗이여, 신들과 악마, 범천을 포함한 모든 세계에서 도를 닦는 자와 바라문 그리고 신들과 인간을 비롯한 모든 중생들중에, 내 마음을 혼란케 하며 내 심장을 찢고 내 두 다리를 들어 갠지스강 너머로 던질 수 있는 자는 아무도 없다. 벗이여, 그대가 알고자 하는 것은 무엇이든 물어보아라."

이에 아알라바카 야차는 다음과 같이 스승에게 시를 지어 호소했다.

181 "이 세상에서 인간에게 가장 큰 재산은 무엇입니까? 어떤 선행善行이 안락을 가져옵니까? 세상에서 가장 맛좋은 것은 무엇입니까? 어떻게 사는 것이 가장 훌륭한 생활이라 할 수 있습니까?"

182 "이 세상에서 신앙은 인간에게 가장 큰 재산이다. 덕행이 두터우면 안락을 가져온다. 실로 진실은 맛 중에 가장 아름다운 맛이다. 지혜로 살아가는 것이 가장 훌륭한 생활이다."

183 "인간은 어떻게 하면 사나운 물결을 건너갈 수 있습니까? 어떻게 하면 바다를 건너갈 수 있습니까? 또 어떻게 하면 괴로움을 초월할 수 있습니까? 그리고 어떻게 하면 완전히 깨끗해질 수 있습니까?"

184 "인간은 신앙으로써 사나운 물결을 건너가며, 끈기로 바다를 건넌다. 근면으로써 괴로움을 초월하며 지혜로써 완전히 깨끗해질 수 있다."

185 "인간은 어떻게 하면 지혜를 얻을 수 있습니까? 어떻게 하면 재물을 얻을 수 있습니까? 또 어떻게 하면 명성을 얻을 수 있습니까? 어떻게 하면 친교를 맺을 수 있습니까? 어떻게 하면 이 세상에서 저 세상으로 갔을 때 걱정 없겠습니까?"

186 "존경을 받을 만한 사람들이 마음의 안정을 얻는 참된 이치를 믿고 꾸준히 노력한다면 그 가르침을 받들려는 열망으로 지혜를 얻게 된다.

187　알맞게 일하고 인내로써 노력하는 자는 재물을 얻게 된다. 성실을 다하면 명성을 얻고 무엇인가 이로움을 주게 되면 친교를 맺게 된다.

188　신앙을 가지고 집에서 생활하는 자에게 성실 · 진리 · 견고, 보시, 이 네 가지 덕이 있으면, 그는 내세에 가서도 걱정이 없다.

189　만일 이 세상에서 성실 · 자제自制 · 보시 그리고 인내보다 더 뛰어난 것이 있다면 그것에 대하여 널리 도를 닦는 바라문들에게 물어보라."

190　"무엇 때문에 도를 닦는 바라문에게 널리 물을 필요가 있겠습니까. 저는 오늘 이미 내세에 이익되는 일을 깨달았습니다.

191　아아, 깨달으신 분께서 아알라비에 살기 위해 오신 것은 저를 이롭게 하기 위해서였습니다. 저는 오늘 무엇에 보시하면 위대한 과보를 얻을 수 있는지에 대하여 알았습니다.

192　저는 이 마을에서 저 마을로 이 거리에서 저 거리로 돌아다니면서 깨달으신 분 진리 앞에 고개 숙여 예배하겠습니다."

11. 승 리

193　걷거나, 서거나, 앉거나, 눕거나, 몸을 굽히거나 펴기도 한다──이것이 육신의 움직임이다.

194 육신은 뼈와 근육으로 연결되어 내피內皮와 살로 싸이고 표피表皮에 덮여 있기에 있는 그대로를 볼 수 없다.

195 육신은 위와 장으로 가득 차 있으며, 또 간·방광·심장·폐·신장·비장이 있고,

196 콧물·점액·즙汁·지방·피·관절액·담즙·기름이 있다.

197 또한 아홉 구멍으로는 언제나 더러운 것이 흘러나온다. 눈에서는 눈꼽, 귀에서는 귀지,

198 코에서는 콧물, 입에서는 침을 뱉거나 가래를 뱉는다. 온몸에서는 땀과 때를 배설한다.

199 그리고 머리는 공동空洞으로 이루어 뇌수로 가득 차 있다. 어리석은 사람은 무명無明에 끌리어 이것을 깨끗한 것으로 안다.

200 육신은 죽어 넘어지면 부풀어오르고 검푸르게 되며, 무덤에 버려져 친척도 그것을 돌보지 않는다.

201 개와 들여우, 늑대나 벌레 들이 이를 파먹고, 까마귀와 솔개, 그 밖의 것들이 이를 쪼아먹는다.

202 이 세상에서 지혜로운 수행자는 깨달은 자(부처님)의 말씀을 듣고, 이를 완전히 이해한다. 왜냐하면 그는 이를 있는 그대로 보기 때문이다.

203 '저 죽은 육신도 이 산 육신과 같았다. 이 산 육신도 저 죽은 육신처럼 될 것이다' 하고 안팎으로 육신에 대한 욕심에서 떠나야 한다.

204 이 세상에서 애욕을 떠난 지혜로운 수행자는, 불사不死와 평안을 누리는 영원한 열반의 경지에 도달했다.

205 인간의 이 육신은 깨끗하지 못하고 악취가 나며, 꽃이나 향으로 보호된다. 여러 가지 더러운 물질이 여기저기서 흘러나온다.

206 이런 육신을 가지고 있으면서, 자신을 훌륭한 존재로 생각하고 남을 멸시한다면 그는 눈먼 자가 아니고 무엇이랴.

12. 성 자

207 친밀한 데서 두려움이 생기고 가정생활로부터 더러운 먼지가 일어난다. 친밀도 없고 가정생활도 없다면 이것이 바로 성자(聖者, muni)[29]의 깨달음이다.

208 이미 일어난 번뇌의 싹은 잘라버리고 이를 다시 심는 일이 없으며, 또 현재 일어나는 것[번뇌]을 키워나가지 않고 혼자서 걸어가는 자를 성자라 한다. 저 위대한 선인은 평안의 경지를 본 것이다.

209 번뇌가 일어나는 근본을 통찰하고, 그 씨앗을 분별하여, 이에 애착을 느끼는 마음을 기르지 않는다면, 그는 실로 생을 떠나 극락을 보는 성자로 망상을 버려 미망에 빠진 부류에 끼지 않는다.

---

29 침묵을 지키며 수행하고 있는 성인을 가리킴.

210 모든 집착이 일어나는 곳(nivesana)[30]을 알고 그 어느 것도 원하지 않으며, 탐욕에서 떠나 아무것도 바라지 않는 성자는 애써 구하는 일이 없다. 그는 이미 피안에 도달했기 때문이다.

211 모든 것을 이기고 온갖 것을 알며, 대단히 총명하여 여러 사물에 더럽혀지지 않으며, 일체를 버리고 애착을 없애 해탈한 자──이런 현자賢者들은 그를 성자로 안다.

212 지혜의 힘이 있고 계율과 맹세를 잘 지키며 마음이 통일되어 선정禪定을 즐기며, 생각이 깊고 집착에서 떠나 있으며, 거칠지 않으며, 번뇌에 더럽혀지지 않은 자──이런 현자들은 그를 성자로 안다.

213 혼자서 가며, 게으르지 않은 성자, 비난과 찬양에 마음이 이끌리지 않고 소리에 놀라지 않는 사자와 같이, 그물에 걸리지 않는 바람처럼, 물에 더럽혀지지 않는 연꽃같이, 남에게 인도되는 일 없이 남을 인도하는 자──이런 현자들은 그를 성자로 안다.

214 남들이 입을 모아 찬양하거나 비난을 퍼붓더라도, 목욕탕의 기둥처럼 태연히 우뚝 서서 애욕으로부터 떠나, 모든 감관感官을 잘 진정시키는 자──이런 현자들은 그를 성자로 안다.

215 몸가짐을 단정히 하고, 모든 악행을 혐오하며, 옳고 그른 것을 통찰하는 자──이런 현자들은 그를 성자로 안다.

216 자제自制하여 악을 행하지 않으며, 젊거나 중년이 되어

────────────
30 제785시 참조.

서도 성자는 자신을 억제한다. 남을 괴롭히지도 않고 괴로움을 당하지도 않는다──이런 현자들은 그를 성자로 안다.

217 남이 주는 것으로 생활하고, 위로부터의 음식(새 음식), 중간으로부터의 음식(먹던 음식), 또는 나머지 음식을 얻더라도 그 음식을 준 사람을 치하하거나 비웃는 일이 없는 사람──이런 현자들은 그를 성자로 안다.

218 성性의 교접을 끊고, 어떤 젊은 여자에게도 마음 주지 않으며, 교만하거나 게으르지도 않은, 속박에서 해탈한 자── 이런 현자들은 그를 성자로 안다.

219 세상을 잘 이해하고 최고의 진리를 보며 거센 물결과 바다를 건넌 사람, 속박을 파괴하고 의지하지 않으며 번뇌에 물들지 않은 자──이런 현자들은 그를 성자로 안다.

220 양자[在家者와 出家者]는 거처와 생활이 다르다. 집에 머물러 있는 자[在家者]는 아내를 부양하지만, 계율을 잘 지키는 자[出家者]는 무엇이나 내 것이라고 집착하는 생각이 없다. 집에 머물러 있는 자는 다른 생명을 해치며 절제하기가 어렵지만, 성자는 자제하여 언제나 생명 있는 자를 지킨다.

221 마치 하늘을 나는 공작새가 백조白鳥처럼 빨리 날수 없는 것처럼, 집에 머물러 있는 자는 세상을 멀리하고 숲속에서 명상에 잠기는 성자나 수행자에 미치지는 못한다.

제2편

조그만 장

1. 보물

222 여기 모인 여러 귀신들은 지상에 있거나 공중에 있거나 다들 기뻐하라. 그리고 마음을 가다듬고 내 말을 들으라.

223 모든 귀신들이여, 반드시 귀를 기울이라. 밤낮으로 공물供物을 바치는 사람들에게 자비를 베풀어라. 결코 방임하는 일이 없이 그들을 수호하라.

224 이 세상이나 저 세상에 있는 어떤 재물이나 또는 천계天界의 훌륭한 보물이라 할지라도 우리들이 완전한 자[如來]와 같은 존재는 없다. 이 훌륭한 보물은 눈뜬 자(부처님)에게 존재한다. 이 진리에 따르면 복되리니.

225 마음을 통일한 붓다(부처님)[1]께서 도달하신 번뇌의 소멸, 욕망으로부터의 이탈 그리고 불사不死나 뛰어난 것—그 이법理法과 같은 것은 아무것도 존재하지 않는다. 이 훌륭한 보물은 이법 속에 존재한다. 이 진리에 따르면 복되리니.

226 가장 뛰어나신 부처님이 찬탄하신 깨끗한 마음의 안정[2]을 사람들은 '빈틈없는 마음의 안정'이라고 한다. 이 마음의 안정과 같은 것은 아무것도 없다. 이 훌륭한 보물은 그 이법 속에 존재한다. 이 진리에 따르면 복되리니.

---

1 그 원어 Sakayamuni를 釋迦牟尼라고 음역함. 샤카족의 성자라는 뜻.

2 그 원어 samādhi는 삼매(三昧)라고 음역됨. 마음을 통일하여 생각한다는 뜻.

227 선량한 자들이 찬양하는 여덟 무리의 사람[3]은 이러한 네 쌍의 사람[4]이다. 이들은 복된 사람(부처님)의 신도며, 보시를 받을 만한 사람들이다. 그들에게 베푼 사람은 커다란 과보를 받으리라. 이 훌륭한 보물은 모임〔集〕속에 있다. 이 진리에 따르면 복되리니.

228 마음을 굳게 갖고 애써 노력하고, 고타마(부처님)의 가르침에 따라 욕심이 없으며, 불사不死[5]를 얻어 마땅히 도달해야 하는 경지에 이르며, 보상 없이 얻어서 평안의 즐거움을 향유한다. 이 훌륭한 보물은 모임 속에 있다. 이 진리에 따르면 복되리니.

229 마치 성문 밖에 서 있는 기둥이 땅속 깊이 묻히면 사방에서 불어오는 바람에도 흔들리지 않는 것처럼 성스러운 진리를 얻어 통찰한 선량한 자들은 이와 같은 것이라고 나는 말한다. 이 훌륭한 보물은 모임 속에 있다. 이 진리에 따르면 복되리니.

230 깊은 지혜를 가진 사람(부처님)이 말씀하신 성스러운 진리를 분명히 아는 자들은, 아무리 방심하는 일이 있어도 여덟번째의 생존[6]을 받지 않는다. 이 훌륭한 보물은 모임 속에 있

3,4 불교 성자의 지위를 예류(豫流), 일래(一來), 불환(不還), 아라한(阿羅漢)의 넷으로 나누는데 이것을 네 쌍〔四雙〕이라 함. 그 하나하나를 향해 나아가고 있는 지위와 도달된 경지로 나누기 때문에 모두 여덟 자리가 있는 셈임.

5 원어 amata는 감로(甘露) ; 달콤한 이슬의 뜻도 내포하고 있음.

6 여덟번째의 전생(轉生), 즉 불타의 수행에 힘쓴 성자는 사후 태어나도 일곱번째의 생존까지에 열반을 얻고 여덟번째의 생존까지는 가지 않는다는 뜻.

다. 이 진리에 따르면 복되리니.

231 자신을 실재實在라고 보는 견해와 의혹과 외형적인 계율 및 명세의 세 가지가 조금이라도 남아 있다면 그가 지견知見을 성취하는 즉시 그것들을 버리게 된다. 그들은 네 가지 나쁜 곳[7]에서 떠나, 여섯 가지 무거운 죄[8]를 면하게 된다. 이 훌륭한 보물은 모임 속에 있다. 이 진리에 따르면 복되리니.

232 또 그는 몸과 말과 마음속으로 조금이라도 악한 일을 하게 되면 이를 감출 수 없다. 이는 구극究極의 경지를 본 사람은 감출 수 없기 때문이다. 이 훌륭한 보물은 모임 속에 있다. 이 진리를 따르면 복되리니.

233 여름철 첫더위에 우거진 나뭇가지가 꽃을 피우듯, 그와 같이 평안에 이르는 오묘한 이법을(눈뜬 자이신 부처님께서) 말씀하셨다—이익이 되는 최상의 일들을 위해서. 이 훌륭한 보물이 눈뜬 자(부처님)에게 있다. 이 진리에 따르면 복되리니.

234 가장 빼어난 것을 알고 가장 빼어난 것을 주고 가장 빼어난 것을 가져오는 가장 높으신 분이 오묘한 이법을 말씀하셨다. 이 훌륭한 보물이 눈뜬 자(부처님)에게 있다. 이 진리에 따르면 복되리니.

235 묵은 업業은 이미 다하고 새것은 아직 생기지 않았다. 그 마음은 앞날의 생존에 사로잡히지 않고 종자를 없애고 그

---

7   그 원어 catu apāyā는 '사악취(四惡趣)라고 한역됨. 지옥, 아귀(餓鬼), 축생(畜生), 아수라(阿修羅)를 가리킴.

8   살부살모(殺父殺母), 살아라한(殺阿羅漢), 불신출혈(佛身出血), 파화합승(破和合僧), 이교도(異敎徒)에 순종.

성장을 원치 않는 현자들은 등불처럼 꺼져 열반에 든다. 이 훌륭한 보물은 모임 속에 있다. 이 진리에 따르면 복되리니.

236 여기 모인 여러 귀신들이여, 지상에 있거나 공중에 있거나 모든 신과 인간들이 다같이 섬기는 완성된 눈뜬 자(부처님)를 예배하라. 복되리니.

237 또 여기 모인 여러 귀신들이여, 지상에 있거나 공중에 있거나 모든 신과 인간들이 다같이 섬기는 완성된 진리를 예배하라. 복되리니.

238 여기 모인 귀신들이여, 지상에 있거나 공중에 있거나 모든 신과 인간들이 다같이 섬기는 완성된 모임을 예배하라. 복되리니.

2. 비린 것

239 "수수 · 딩굴라카(식물의 이름) · 치나카콩(야생콩의 일종) · 잎열매 · 구근球根 · 덩굴열매 등을 선량한 사람들로부터 바르게 얻어먹으면서 욕심을 부리지 말고 거짓말을 하지 마라.

240 잘 익고 요리가 잘된 음식을 얻어먹고 맛있는 쌀밥에 입맛 다시며 먹는 자는 비린 것을 먹는 것이다. 캇사파(迦葉, Kassapa)[9]여.

_____

9 지난 세상에 캇사파 부처님이 구도자였을 때를 말함.

241 범천의 친족(바라문)인 그대는 잘 요리한 새고기를 반찬으로 밥을 맛있게 먹으면서도 '나는 비린 것을 허락하지 않는다'고 말씀하십니다. 캇사파여, 그대가 말한 비린 것은 어떤 것입니까?"

242 "생물을 죽이는 것, 그리고 때리고 자르며 결박하는 것, 도둑질을 하고 거짓말하는 것, 속이는 것, 그릇된 것을 배우고 남의 아내를 가까이하는 것—이것이 비린 것이다. 육식肉食은 그렇지 않다.

243 이 세상에서 욕망을 억제하는 일 없이, 맛있는 음식을 탐내고 깨끗하지 못한 생활을 하며 또 허무론虛無論을 믿고 옳지 못한 행위를 하는, 완고하고 어리석은 자—이것이 비린 것이다. 육식은 그렇지 않다.

244 난폭하고 잔인하며, 남의 험담을 하고 친구를 배반하며, 무자비하고, 거만하며, 인색하여 남에게 주는 일이 없는 사람—이것이 비린 것이다. 육식은 그렇지 않다.

245 성내고, 교만하며, 고집세고, 반항심 · 거짓 · 질투 · 허풍, 극단의 오만함, 불량배와의 사귐—이것이 비린 것이다. 육식은 그렇지 않다.

246 성질이 나쁘고, 빚을 갚지 않으며, 밀고를 하고 거짓 증언을 하며, 정의를 가장하고 사악을 저지르는, 이 세상에서 가장 비열한 자들—이것이 비린 것이다. 육식은 그렇지 않다.

247 이 세상에서 마음대로 살생하고, 남의 것을 약탈하고, 또한 그들을 해치려고 애쓰며, 성질이 나빠 욕심이 많으며, 난

폭하고 무례한 자들—이것이 비린 것이다. 육식은 그렇지 않다.

248 저 (살아 있는) 생물에 대해 탐내고 배반하며, 부당한 행동을 하고 항상 흉악한 일만 꾸미며, 죽어서는 암흑에 이르러 지옥에 거꾸로 떨어지는 자들—이것이 비린 것이다. 육식은 그렇지 않다.

249 생선·육식(을 않더라도)·단식·나체·삭발이나 기르는 것, 먼지와 때, 사슴의 가죽(을 걸치거나), 화신火神 앞에 곡물을 차려놓고 섬기는 것, 또는 세상에서 불사不死를 얻기 위한 고행·신주神呪·제물 제사, 계절에 따른 고행도 모두 의혹을 초월하지 않으면, 그 사람을 깨끗하게 할 수 없다.

250 통로인 여섯 개의 기관[10]을 지키고, 그 기관을 이겨서 행하라. 참된 이법을 확립하여 올바르고 순박한 것을 즐기며 집착을 떠나 모든 괴로움을 벗어버린 현자는 보고 듣는 일로 더럽혀지지 않는다.

251 이와 같은 말씀을 존경하는 스승(캇사파 부처님)께서는 되풀이해서 말씀하셨다. 베다에 정통한 바라문은 이것을 알고 있다. 비린 것을 멀리하고 그 무엇에도 걸림이 없어서 그 뒤를 따르고 싶어하는 성자(부처님)는 여러 가지 시구詩句로 이를 설법하셨다.

252 눈뜬 자가 가르치신—비린 것을 떠나 일체의 괴로움을 제거한—지혜로운 말씀을 듣고, 그 바라문은 경건한 마음으로

10 눈〔眼〕·귀〔耳〕·코〔鼻〕·혀〔舌〕·몸〔身〕·뜻〔意〕을 말함.

그 온전한 이[如來]를 예배하고 그 자리에서 출가하기를 원했다.

3. 부끄러움

253 부끄러움을 모르거나 싫어하여 '나는 그대의 친구다' 하고 말하면서 자기가 능히 할 수 있는 일을 해주지 않는 사람은 '내 친구가 아님'을 알아야 한다.

254 여러 친구들에게 실천되지 않을 말만을 그럴 듯하게 하는 자는 '말뿐이지 실제로 행동하지 않을 자'임을 현자는 잘 알고 있다.

255 언제나 우정이 깨어질까 염려하는 마음에서 아첨하면서도, 항상 친구의 결점만을 보는 사람은 친구가 아니다. 자식이 어머니 품에 의지하듯이 그 사람에게 의지하며 다른 사람 때문에 그 사이가 벌어지는 일이 없는 사람이 참 친구다.

256 좋은 결과를 바라는 사람은 힘에 적당한 짐을 지고, 기쁨을 낳고 찬양을 받으며 안락을 가져오는 원인을 닦는다.

257 멀어지고 떠나는 맛과 평안해지는 맛을 알고 법열法悅을 맛보는 사람은 고뇌에서 떠나고 악에서 벗어나 있다.

4. 최상의 복

내가 들으니 어느 때 사바티의 제타숲속, 고독한 사람들에게 음식을 나눠주는 장자의 동산에 계실 때 용모가 수려한 신이 밤중이 지나 제타숲을 샅샅이 비추며 부처님 곁에 다가왔다. 가까이 와서는 스승에게 절을 하고 한쪽에 섰다. 그러고는 신을 향해 시를 지어 다음과 같이 호소했다.[11]

258 "여러 신과 인간들은 행복을 원하고 축복[12]을 바랍니다. 최상의 복을 말씀해 주십시오."

259 어리석은 자들과 친하지 말고, 현자와 가까이하며, 존경할 만한 사람들을 받드는 것─이것이 최상의 복이니라.

260 적당한 장소에 살며, 전세에 공덕을 쌓아, 스스로 올바른 목적을 달하려고 마음에 다짐하는 자─이것이 최상의 복이니라.

261 박애와 기술과 훈련을 쌓고, 그 위에 언변이 능한 것─이것이 최상의 복이니라.

262 부모를 섬기고 처자를 사랑하며 일에 질서가 있어 혼란을 일으키지 않는 것─이것이 최상의 복이니라.

263 보시와 이법에 맞는 행위와 친족을 사랑하고 비난을 받지 않는 행위─이것이 최상의 복이니라.

---

11 산문의 부분은 〈뱀의 장〉 6. 〈파멸〉에도 나옴.

12 사람에게 성공 번영을 가져다 주는 축복 원망(願望)을 말함.

264 악을 싫어해서 멀리하며 술을 금하고 덕행에 소홀하지 않는 것——이것이 최상의 복이니라.

265 존경과 겸손과 만족과 감사와 때때로 가르침을 듣는 것——이것이 최상의 복이니라.

266 참고 견디며, 양순하고 도를 닦는 사람들과 만나며, 때때로 이법에 대한 논의를 하는 것——이것이 최상의 복이니라.

267 수양과 깨끗한 행위와 성스러운 진리를 보며, 안정을 확실히 느끼는 것——이것이 최상의 복이니라.

268 세속의 습관[13]에 부딪혀도 마음이 흔들리지 않고, 두려움이 없으며, 악에 물들지 않고 마음이 안정되어 있는 것——이것이 최상의 복이니라.

269 이와 같은 일을 행하면, 어떤 일에 대하여도 패敗하지 않는다. 어디를 가나 행복에 도달할 수 있다——이것이 그들에게는 최상의 복이니라.

5. 수칠로마 야차

내가 들으니, 어느 때 존귀하신 스승(부처님)께서 가야 마을의 탕키타 석상石床에 있는 수칠로마 야차의 처소에 계실 때였다. 카라 야차와 수칠로마 야차가 스승(부처님)이 계시는 근처를 지나가고 있었다. 카라 야차가 수칠로마 야차에게 말했다.

---

13 이득, 불이득, 명성, 불명성, 칭찬, 낙, 고통 등을 말함.

"그는 도를 닦는 자다."

그러나 수칠로마 야차는 이렇게 말했다.

"그가 참으로 도를 닦는 자인지 혹 거짓으로 도를 닦는 자인지 내가 전혀 모르고 있기 때문에, 그는 참된 도를 닦는 자가 아니고 그릇된 도를 닦는 자임에 틀림없다."

그리고 수칠로마 야차는 스승 곁에 가까이 갔다. 그러나 스승은 몸을 피했다. 수칠로마 야차가 스승에게 말했다.

"도를 닦는 자여, 그대는 나를 두려워합니까?"

스승께서 말씀하셨다.

"벗이여, 나는 그대를 두려워하지 않는다. 그러나 그대와 부딪는 게 내게는 좋지 않다."

다시 수칠로마 야차가 말했다.

"도를 닦는 이여, 만일 그대가 나의 질문에 대답을 못 하면, 그대의 마음을 혼란케 하여 심장을 찢고, 두 다리를 들어 갠지스강 너머로 던져버리겠소."

스승께서 대답해 말씀하셨다.

"벗이여, 신들과 악마와 범천을 포함한 세계에서, 도를 닦는 자와 바라문과 신들, 그리고 인간을 포함한 중생들 가운데서, 내 마음을 혼란케 하여 심장을 찢고 두 다리를 들어 갠디스강 너머로 던질 수 있는 자를 나는 찾아볼 수 없다. 벗이여, 그대가 묻고 싶은 것이 있으면 무엇이든 물어보라."

이에 수칠로마 야차가 다음과 같은 시를 지어 부처님에게 물었다.

270 "탐욕과 혐오는 어떤 원인으로 생깁니까? 즐거움과 고통과 소름끼치는 일들은 어디서 생깁니까? 갖가지 망상은 어디서 일어나 마음을 방황케 합니까? 마치 아이들이 까마귀를 놓아 보내듯이."

271 "탐욕과 혐오는 자신으로부터 일어난다. 즐거움과 고통과 소름끼치는 일들도 자신으로부터 일어난다. 갖가지 망상도 자신으로부터 일어나 마음을 방황케 한다─마치 아이들이 까마귀를 놓아보내듯이.

272 그것들은 애착에서 일어나고, 자신으로부터 나타난다. 마치 바니안나무[榕樹]의 가지에서 새로운 어린 싹이 움트듯이. 널리 온갖 욕망에 집착해 있는 것은, 마치 풀덩굴이 숲속에 벋어 있는 것과 같다.

273 야차여, 들으라. 번뇌가 일어나는 원인을 아는 자는 번뇌를 없앨 수 있다. 그들은 건너기 어렵고 아직은 건넌 사람이 없는 사나운 물결을 건너가며, 다시 생존을 받는 일이 없다."

6. 이법에 맞는 행동

274 이법에 맞는 행동,[14] 깨끗한 행동,[15] 이를 최상의 보물이라 일컫는다. 아무리 집을 나온 출가자가 되더라도.

---

14 몸, 입, 뜻의 선행(善行)이라 해석한 셈.

15 세상에서의 선행을 말함.

275 만일 난폭한 말을 하며 남을 괴롭히기를 좋아하는 짐승 같은 성격이 있으면 그 사람의 생활은 더욱 악해지고 더러워질 것이다.

276 논쟁을 즐기고, 정신이 흐리멍텅한 수행자는 눈뜬 자(부처님)의 설법을 듣고도 이해하지 못한다.

277 그는 무명無明에 현혹되어, 수양 쌓은 다른 사람들을 괴롭히며 번뇌가 지옥으로 가는 길임을 알지 못한다.

278 이러한 수행자는, 고난에 빠져 모태母胎에서 모태로 암흑에서 암흑으로 전생轉生한다. 그리고 죽은 후에도 고통을 받게 된다.

279 시일이 지남에 따라 마치 똥통에 똥이 가득 차듯 부정不淨한 사람은 참으로 깨끗하기 어렵다.

280 수행자들이여, 이와 같은 출가수행자는 집에 의지하는 자며 그릇된 욕망에 사로잡혀 비뚤어진 생각으로 옳지 못한 행위를 하며, 나쁜 곳16에 있는 자임을 알라.

281 그대들은 다 화합해서 그런 사람을 배척하라. 곡식껍질을 날려보내듯 그를 날려보내라.

282 그리고, 도를 닦는 자가 아닌데도 도를 닦는 자로 자처하는 곡식껍질도 날려버려라. 그릇된 욕망에 사로잡혀 비뚤어진 생각을 하고, 옳지 못한 행위를 하며, 나쁜 곳에 이른 그들을 밖으로 불어버려라.

283 스스로 깨끗한 자가 되어 서로 생각해 주며, 깨끗한 자

---

16 창녀·처녀·과부·비구니의 거처 또는 주점 등을 가리킴.

들과 함께 살도록 하라. 그곳에서 사이좋게 지내며, 총명을 잃지 말고, 고뇌를 없애도록 하라.

7. 바라문다운 것

내가 들으니, 어느 때 존귀하신 스승(부처님)께서 사바티의 제타숲속 고독한 사람들에게 음식을 나눠주는 장자의 동산에 계실 때였다. 코살라 땅에 사는 대부호인 바라문들은—나이가 들어 늙었지만—스승이 계신 곳으로 가까이 다가갔다. 그리고 스승에게 인사를 하였다. 그리고 기억에 남을 만한 반가운 인사를 나누고는 한쪽으로 가서 앉았다. 대부호인 바라문이 스승에게 말했다.

"고타마(부처님)시여, 대체 오늘의 바라문들은 옛 바라문들이 지켜온 계율에 따르고 있습니까?"

"바라문들이여, 오늘의 바라문들은 옛 바라문들의 계율을 따르지 않고 있다."

"그렇다면 고타마시여, 옛날 바라문들이 지킨 법을 저희들에게 말씀해 주십시오—별 지장이 없으시다면."

"그럼 바라문들이여, 주의해 들으라. 내가 말할 터이니."

"어서 말씀해 주십시오." 대부호인 바라문들은 스승에게 대답했다.

스승께서는 다음과 같이 말씀하셨다.

284 "옛 선인仙人은 자신을 억제하는 고행자였다. 그들은 오욕의 대상[17]을 버리고 자기의 참된 의義를 행하였다.

285 바라문들에게는 가축이나 황금, 곡식도 없었다. 베다의 낭독을 재보로 삼고 이를 곡식으로 생각하여 브라만(brahman)[18]의 창고를 지켰다.

286 그들을 위해 집집마다 문앞에 마련해 놓은 음식을 신도들은 바라문들에게 주려고 생각했다.

287 여러 색깔로 아름답게 물들인 옷과 침실 그리고 집들을 많이 가지고 영광을 누리는 지방이나 나라 사람들은 모두 바라문에게 경례했다.

288 바라문들은 법의 보호를 받고 있었기 때문에 그들을 살해하거나 이겨서도 안 되었다. 그들이 문앞에 서 있는 것을아무도 막을 수도 없었다.

289 옛 바라문들은 48년간 동정童貞의 순결을 지켜왔다. 그리고 지知와 행行을 탐구했다.

290 바라문들은 다른 (종족의) 여인을 아내로 맞지 않았다. 또한 그들은 아내를 사들이지도 않았다. 다만 서로 사랑하고 동거하며 화목하고 즐겁게 살았다.

291 (동거하고 즐겼지만) 바라문들은 (아내를 가까이할 수 있을 때에만 접촉하고) 월경 때문에 멀리해야 할 때에는 절대로 성의 교접을 행하지 않았다.

---

17 제171시에 대한 주 참조.
18 신성한 것 또는 절대자를 뜻함.

292 그들은 음행[19]을 하지 않고, 계율을 지키며, 정직하고, 온순하며, 고행하고, 온유하며, 상해傷害하지 않으며 참고 견디는 것을 찬양하였다.

293 그들 가운데서 용감하고 으뜸가는 바라문은 성性의 교접을 꿈에도 생각하지 않았다.

294 이 세상에 있는 일부 지혜로운 자들은, 그들의 행동을 본받아 음행하지 않고 계율을 지키며, 참고 견디는 것을 찬양하였다.

295 쌀과 침구와 의복과 버터와 기름 등을 얻어 법도들이 모아 제사를 지냈다. 절대로 소를 잡는 일은 없었다.

296 부모 형제, 그 밖의 친족들처럼, 소는 우리들의 최상의 친구다. 소한테서는 약[20]이 생긴다.

297 그것(소한테서 얻은 약)은 식료품이 되고 기력을 주며, 피부를 윤나게 해주며, (소에겐) 이런 이익이 있음을 알기 때문에 그들은 소를 죽이지 않았다.

298 바라문들은 손발이 깨끗하고 몸집이 크며, 용모가 단정하고 수려하며, 명성이 있고 자기 임무에 따라 해야 할 일을 하고, 해서는 안 되는 일은 결코 하지 않는다. 그들이 이 세상에 살아 있는 동안에는 세상사람들은 안락하고 영광을 누렸다.

299 그런데 그들에겐 뒤바뀐 견해가 일어났다. 점점 왕자같은 영화와 옷차림이 화려한 부인들을 눈여겨보게 되었다.

---

19 주(註)에 따라서 해석했음.

20 소에서 나오는 다섯 가지 맛을 말함.

300 준마駿馬가 끄는 마차와 아름다운 옷과 여러 가지로 설계되어 부분적으로도 잘 지어진 주택들을 보게 되었다.

301 바라문들은, 소의 무리가 번창하고 미녀들에게 에워싸인 인간의 즐거움을 얻고 싶어하고 열망했다.

302 그들은 베다 신주神呪를 편찬하고 저 감자왕甘蔗王[21]에게 가서 말하기를 '그대는 재보와 식량이 풍부합니다. 제사를 지내십시오. 그대의 재산은 많습니다. 제사를 지내십시오. 그대의 재산은 많습니다.'

303 수레와 군병의 주인인 왕은, 바라문들의 권유를 받아—말에 대한 제사, 인간 · 투창 · 소마에 대한 제사, 누구에게나 공양하는 제사—이러한 제사를 지내고 바라문들에게 재물을 주었다.

304 소 · 침구 · 의복, 성장盛裝한 부녀자, 준마와 잘 만든 수레, 아름답게 채색된 수놓은 옷—

305 부분마다 잘 설계된 아름다운 저택에 여러 가지 식량과 함께, 이 재물을 바라문들에게 주었다.

306 이와 같이 재물을 얻게 된 그들은 이를 저장하기를 원하였다. 그들은 욕심에 빠져, 더 많이 갖고 싶어했다. 그리하여 다시 베다 신주神呪를 편찬하여, 감자왕에게 갔다.

307 '물과 땅과 황금과 재물과 식량이 중생의 일용품이듯 소는 인간들의 일용품이다. 제사를 지내십시오. 그대의 재산은 많습니다. 제사를 지내십시오. 그대의 재산은 많습니다.'

---

21 석가족의 조상.

308 이에 수레와 군병의 주인인 왕은 바라문들의 권유로, 수천 수백 마리의 소를 희생하여 잡게 했다.

309 다리나 뿔, 그 밖의 무엇으로도 해치는 일이 없는 소는 양처럼 온순하며, 항아리가 넘치도록 젖을 짤 수 있다. 그런데 왕은 뿔을 잡고 칼로 찔러 소를 죽이게 했다.

310 칼로 소를 찌르자, 모든 신들과 조상의 영혼 및 제석천 帝釋天과 아수라 그리고 나찰들은 '법도에 어긋나는 일이다' 하고 외쳤다.

311 옛날에는 탐욕과 굶주림과 노쇠의 세 가지 병밖에 없었다. 제사 지내기 위해 여러 가지 가축들을 죽였기 때문에 아흔여덟 가지 병이 생기게 되었다.

312 이렇게 (살해의) 무기를 부당하게 내려친다는 것은 그 옛날부터 오늘날까지 전해 오고 있다. 아무런 해도 끼치지 않는 소를 죽였다. 제사를 지내는 자들은 이법에 어긋나고 있었다.

313 예로부터 내려온 이런 좋지 못한 풍습은, 지혜로운 자들의 비난을 받아왔다. 일반 사람들도 이런 살생을 볼 때마다 제사 지내는 자들을 비난하게 되었다.

314 이렇게 법이 무너질 때, 노예[22]와 서민이 분열되고, 여러 왕족들이 분열되었으며, 아내는 남편을 멸시하게 되었다.

315 왕족과 범천의 친족(바라문) 및 종성種姓의 제도에 따

___

22 인도의 세습적 신분제도[四種姓]의 하나. 수트라(首陀羅). 4성은, 승려[婆羅門]·왕족[刹希利]·서민[바사 : 吠舍]·노예를 말함.

라 지켜지고 있는 다른 사람들도 생에 대한 말씀을 저버리고
욕망에 지배되기 이르렀다."

이와 같이 말씀하셨을 때, 대부호인 바라문들이 스승에게
말했다.

"놀랍습니다. 고타마(부처님)시여, 훌륭하십니다. 고타마시
여, 마치 쓰러진 자를 일으키시듯, 덮인 것을 벗겨주듯, 길 잃
고 헤매는 자에게 길을 인도하듯, 혹 '눈 있는 자는 빛을 보리
라' 하며 어두움 속에서 등불을 비춰주듯 고타마께서는 여러
가지로 법을 밝혀주셨습니다. 저희들은 고타마께 귀의합니다.
또 진리와 수행승의 모임에 귀의합니다. 고타마께서는 오늘부
터 귀의한 저희들을 목숨이 다할 때까지 재가의 신도로 받아주
시옵소서."

8. 배 [船]

316 누구나 다른 사람으로부터 이법을 배워서 알게 되었을
때에는, 그 사람을 마치 여러 신들인 인드라신을 공경하듯 해
야 한다. 학식이 풍부한 사람은 존경을 받게 되면 즐거운 마음
으로 진리를 드러내게 된다.

317 현자는 이를 잘 듣고 이해하여, 이법에 따라 가르침을
실천하고 그런 학식이 있는 사람에게 가까이하면 사리를 분별

할 줄 아는 자가 되며, 또한 총명한 자가 된다.

318 아직 사물에 대하여 이해하지 못하고 질투[23]하는 마음이 있는 소인이나, 어리석은 자를 가까이하면 이법을 분별할 줄 모르게 되며, 의혹에서 벗어나지 못하고 죽음에 이르게 된다.

319 마치 사람이 강물에 빠지면 사나운 물결에 휩쓸려버리는 것과 같다. 그런 자가 어찌 다른 사람을 건너게 할 수 있겠는가.

320 그와 마찬가지로 진리를 분별할 줄 모르고, 학식이 많은 분에게 의義를 듣지 않으면, 스스로 알 수도 없고 의혹에서 벗어날 수도 없다. 그런 자가 어찌 남의 마음을 움직일 수 있겠는가.

321 견고한 배를 타고 노와 키가 갖추어진 다음, 그 배를 저을 줄 아는 경험자는 다른 여러 사람을 태워서 건너게 할 수 있다.

322 그와 마찬가지로 베다에 통달하고 자신을 수양하여 아는 것이 많으며, 동요되지 않는 성격[24]을 가진 자는 진리를 몸소 알고 있기 때문에, 그 가르침에 귀기울이며 단정히 앉아 있는 사람들의 마음을 움직일 수 있다.

323 그러므로 참으로 지식 있고 학식 있는 성실한 사람과 가까이하라. 사물을 알고, 이를 실천에 옮기며 진리를 터득한 자는 안락을 얻게 되리라.

---

23 스승의 제자에 대한 질투(즉 제자의 성장 발전을 이기지 못하기 때문).

24 세속의 습관(제268시의 주 참조)에 흔들리지 않는 것을 말함.

9. 어떠한 도덕이 있는가

324 어떠한 도덕이 있으며, 어떠한 행동을 해야 하며, 어떠한 행위를 부지런히 해야만 사람들이 바르게 서고 또 최상의 진리에 도달할 수 있을 것인가?

325 어른을 공경하고, 질투하지 말며, 스승(부처님)을 만나뵐 기회를 얻어, 법의 말씀을 들을 기회를 얻어서, 그 설법을 정성껏 들으라.

326 고집을 버리고 겸허한 태도로, 때를 맞추어 스승을 찾아가라. 사리와 진리와 자제와 깨끗한 행동을 마음에 두고 이를 실행하라.

327 진리를 즐기고 진리를 기뻐하며, 진리에 안주하여 진리의 참뜻을 알고, 진리를 해치는 말을 입 밖에 내지 마라. 훌륭한 설법의 진실에 따라 생활하라.

328 웃음·농담·울음·혐오·거짓말·사기·탐욕·오만·격분·난폭·더러움·탐닉하는 일 없이, 교만을 버리고 스스로 편히 서서 행하라.

329 훌륭한 설법을 듣고, 이를 이해하면 힘이 된다. 듣고서 안 것은 정신의 안정을 바로잡는 근원이 되고 힘이 된다. 사람이 성급하거나 게으르면 지혜도 학식도 얻을 수 없게 된다.

330 성자가 말씀하신 진리를 기뻐하는 자는 말과 생각과 행동이 최상의 것이 된다. 그들은 안락과 평화와 명상 속에 안주하게 되어, 학식과 지혜의 진수眞髓에 도달한다.

10. 정진(精進)

331 일어나라. 그리고 단정히 앉아 선禪을 행하라. 잠만 자면 그대들에게 무슨 이익이 있겠는가. 화살에 맞아 고뇌 속에 있는 자들이 잠에 빠지나니.

332 일어나라. 그리고 단정히 앉아 선을 행하라. 마음의 안정을 얻기 위하여 오직 배우라. '죽음의 왕'은 그대들이 게으르기 때문에 힘에 굴복한 것을 알고 있다. 그대를 미혹에 빠지지 말게 하라.

333 신들과 인간들은 애착에 사로잡혀 욕심을 버리지 못하고 있다. 이 집착을 초월하라. 얼마 되지 않는 시간을 헛되이 보내지 마라. 시간을 헛되이 보내는 자는 지옥에 떨어져 비통에 젖게 되리라.

334 게으름은 먼지나 때와 같다. 먼지나 때는 게으름에서 일어난다. 힘써 닦아 밝은 지혜로 자기에게 박힌 화살을 뽑도록 하라.

11. 라훌라

335 스승(부처)께서 말씀하셨다.
"라훌라(Rāhula)[25]야, 너는 가까이서 늘 함께 있는 습성에 젖

25 세속의 습관(제268시의 주 참조)에 흔들리지 않는 것을 말함.

어 현자를 경멸하지는 않았느냐? 여러 사람을 위해 횃불을 올리는 자를 너는 존경하고 있느냐?"

336 라홀라는 대답했다.

"저는 가까이서 늘 함께 있는 습성에 젖어도 현자를 경멸하지 않았습니다. 여러 사람을 위해 횃불을 올리는 자를 저는 언제나 존경하고 있습니다."(이상은 서시임.)

337 부처님이 말씀하셨다.

"사랑스럽고 즐거움이 되는 오욕의 대상을 버리고, 신앙심으로 집을 나와, 괴로움을 멸하는 자가 되라.

338 좋은 친구와 사귀어라. 사람이 사는 마을에서 떠나 조용한 곳에 거주하라. 그리고 음식의 양量을 아는 자가 되라.

339 옷과 얻은 음식과 (병자를 위한) 물건과 거처—이런 것에 대해 욕심을 내지 마라. 다시 속세에 돌아가지 마라.

340 계율의 규정을 지키고 오관五官을 지켜 그대 육신을 바로 보라. 참으로 속세에 싫증을 느끼는 자가 되라.

341 애욕 때문에 아름답게 보이는 모든 외형적인 것을 버리고 생각을 골똘히 하라. 그리하여 몸은 부정不淨한 것임을 통찰하고 마음을 하나로 통일하라.

342 마음에 자취〔相〕를 두지 말며, 마음속에 숨어 있는 오만을 버리라. 그렇게 되면 너는 오만을 없애 마음이 안정된 나날을 보내게 되리라."

참으로 존귀하신 스승(부처님)께서는 라홀라에게 이렇게 시를 지어 되풀이해 가르치셨다.

12. 방기사

내가 들으니, 어느 때 존귀하신 스승(부처님)께서 아알라비에 있는 악가알라바 영수(靈樹, Aggālava cetiya)[26] 아래 계실 때, 방기사[27]의 스승으로 니그로다 칼파라는 장로가 악가알라바 영수 아래서 세상을 떠난 지 얼마 되지 않았다.

방기사는 홀로 깊은 생각에 잠겼다. '나의 스승은 정말로 돌아가셨을까? 아니면 아직 생존해 계실까?' 저녁때가 되자 자리에서 일어나 스승이 계신 곳으로 갔다. 존귀하신 스승에게 인사를 하고 한쪽에 서서 여쭈었다.

"존귀하신 스승이시여, 제가 홀로 앉아서 깊은 생각에 잠겨 있을 때 '나의 스승은 정말로 돌아가셨을까? 아니면 아직 생존해 계실까?' 하는 생각이 들었습니다."

방기사는 자리에서 일어나 왼쪽 어깨에 옷을 걸치고 스승에게 합장한 뒤 다음과 같을 시를 지어 호소했다.

343 "세상에서 갖가지 의혹을 물리치고 최상의 지혜를 지니신 스승님께 묻겠습니다. 세상에서 널리 알려져 있고 명성이 있으며 마음에 평화를 얻은 수행자가 악가알라바에서 세상을 떠났습니다.

344 스승이시여, 일찍이 그 바라문에게 스승님께서 니그로

---

26 원래 야차와 용신(龍神) 등의 거처였는데 불타가 이를 부숴 사원을 세웠기 때문에 사원을 뜻하기도 함. 한역불전(漢譯佛典)에서는 묘(廟) 또는 탑(塔)으로 번역함.

27 말 재주가 가장 뛰어난 불타의 제자.

다 칸파라는 이름을 주셨습니다. 오직 진리를 통찰해 오신 세존이시여, 그는 스승님을 예배하며 해탈을 구하기 위해 꾸준히 힘써왔습니다.

345 널리 세상을 보시는 분이시여, 저희들은 스승님(부처님)의 그 제자의 일에 대하여 알고 싶습니다. 저희들의 귀는 열려 있습니다. 스승님께서는 저희들의 스승이십니다. 세상에서 가장 높으신 분이십니다.

346 저희들의 의혹을 풀어주십시오. 이것을 말씀해 주십시오. 지혜로 가득하신 분이시여, 그가 아주 세상을 떠나셨는지 아닌지를 말씀해 주십시오. 천의 눈을 가지신 제석천이 신들에게 설법하듯 이를 저희들에게 말씀해 주십시오. 널리 세상을 보시는 분이시여.

347 세상에 있는 모든 속박은 미망으로 가는 길이며, 무지와 의혹에서 비롯한 것으로, 완전한 분(부처님)을 만나뵈면 그런 것은 다 사라집니다. 이는 인간을 위한 최상의 눈을 가지신 때문입니다.

348 바람이 짙은 구름을 흩어버리듯, 이분께서 번뇌의 때를 씻어버리지 않으시면, 온 세상은 암흑으로 뒤덮이고 빛을 가진 자들도 빛을 내지 못할 것입니다.

349 현자는 세상을 비쳐주는 분이십니다. 현자여, 저는 당신을 그런 분이라고 생각합니다. 저희들은 당신이야말로 확실히 눈뜬 자로 알고 이렇게 찾아왔습니다. 저희들을 위해 여러 사람 앞에서 니그로다 칸파에 대해 분명히 설명해 주십시오.

350 원컨대, 아름다운 목소리로 말씀해 주십시오. 백조가 목을 빼물고 천천히 노래하듯, 그런 밝은 목소리로 말씀해 주십시오. 저희들은 잡념을 다 버리고 듣겠습니다.

351 생사를 다 버리시고 악을 털어버리신 분께 간청합니다. 가르침을 들읍시다. 이는 평범한 자들은 알고자 하거나 말하고자 하는 것을 능히 뜻대로 할 수 없지만, 모든 게 완전하신 분께서는 이를 뜻대로 얼마든지 할 수 있기 때문입니다.

352 이 완전한 예언이 올바른 지자智者인 당신으로 인해 유지되었습니다. 저는 이제 마지막 합장을 드립니다. (스스로는) 알고 계시면서 (이를 입 밖으로 내지 않음으로 해서) 저희들의 생각을 엇갈리게 하지 마십시오. 지혜로운 분이시여.

353 존귀한 이법을 낱낱이 알고 계시면서 저희들의 생각을 엇갈리게 하지 마십시오. 한여름의 찌는 듯한 더위에 목마른 자가 물을 구하듯, 저는 당신의 말씀을 듣고자 합니다. 비를 줄줄 내리듯 말씀해 주십시오.

354 캅파야나(캅파의 존칭)가 깨끗한 행동으로 달성하려던 목적은 헛된 일이었습니까? 아니면 해탈한 사람처럼 소멸되었습니까? 그렇지 않으면 생존의 근원을 남겨둔 것입니까? 저희들은 그것을 알고자 합니다."

355 스승께서 대답해 말씀하셨다.

"그는 이 세상의 모든 명칭과 형태에 대한 애착을 끊어버렸다. 오래 빠져 있던 검은 악마의 흐름을 끊어버렸다."

다섯 사람[28] 중 가장 뛰어난 스승께서 말씀하셨다.

356 "제7의 선인仙人[29]이시여, 당신의 말씀을 듣고 저는 기쁘기 짝이 없습니다. 저의 질문은 결코 헛되지 않았습니다.

357 눈뜬 자의 제자(니고로다 캅파)는 말씀하신 대로 실천하여 사람을 속이는 죽음의 악마가 펼친 견고한 그물을 찢어버렸습니다.

358 스승이시여, 캅파는 헛된 집념의 뿌리를 발견하였습니다. 캅파는 가장 건너기 어려운 죽음의 세계를 넘어선 것입니다."

13. 올바른 편력遍歷

359 "지혜가 많고, 사나운 물결을 건너, 피안에 도달하여 완전한 열반을 얻고 마음의 평화를 얻은 성자에게 묻고 싶습니다. 집을 나와 갖가지 욕망을 버린 수행자는 어떻게 하면 세상을 바르게 편력할 수 있겠습니까?"

360 스승께서 대답해 말씀하셨다.

"길조吉兆나 천지이변을 헤아리는 점, 해몽·관상 보는 점과 길흉의 판단을 다 버린 수행자는 세상을 바르게 편력할 수 있

---

28 부처님께서 해탈한 후 베나레스의 교외 녹야원(鹿野園)에서 처음으로 설법하셨을 때, 그 교의를 듣던 수행자 5명을 말함.

29 여기서 선인이란 부처님을 말함. 석가가 세상에 태어나기 전 과거에 6인의 부처님이 나왔고 석가는 그 일곱번째에 해당함.

다.

361 수행자가 생존을 초월하여 참된 이법을 깨치고, 인간세계와 하늘세계의 갖가지 향락에 대한 탐욕을 버린다면 세상을 바르게 편력할 수 있다.

362 수행자가 두 가지 말을 버리고, 분노와 사물에 대한 인색에서 떠나, 역경과 순경에 대한 집념에서 벗어나면, 세상을 바르게 편력할 수 있다.

363 좋아하는 것과 좋아하지 않는 것을 다 버리고 그 무엇에도 집착을 갖지 말며, 또 이를 돌보지 않고 온갖 속박에서 벗어나면, 이 세상에서 바르게 편력할 수 있다.

364 그가 생존을 이루고 있는 요소들 가운데서 굳은 실체를 보지 못하고 온갖 집착에 대한 탐욕을 억제하고 이를 돌보지 않으며, 다른 것에도 이끌리지 않으면 세상을 바르게 편력할 수 있다.

365 말과 생각과 행위에 어긋남이 없고, 법을 옳게 알아 열반의 경지를 구하면, 세상을 바르게 편력할 수 있다.

366 수행자가 '그는 나를 숭배한다'고 생각하여 거만해지지 않고, 비난을 받아도 개의치 말며, 남들에게서 먹을 것을 얻었다 해서 교만을 부리지 않으면, 이 세상을 바르게 편력할 수 있다.

367 수행자가 탐욕과 생존에의 욕망을 버리고 다른 생물의 목숨을 끊거나 몸을 묶는 일 없이, 의혹을 초월하여 번뇌의 화살을 뽑아버리면, 세상을 바르게 편력할 수 있다.

368 수행자가 자기에게 알맞은 것을 알고 세상의 아무것도

해치지 않으며 참으로 이법을 알고 있으면, 세상을 바르게 편력할 수 있다.

369 어떤 잠재적 헛된 집념도 갖지 않고 나쁜 뿌리가 뿌리째 뽑혀서 바라는 것도 구하는 것도 없으면, 세상을 바르게 편력할 수 있다.

370 번뇌의 때를 말끔히 씻어버리고, 거만을 버리며, 온갖 탐욕의 길을 넘어 스스로 억제하고 안주하여 마음의 평화를 누리면 세상을 바르게 편력할 수 있다.

371 믿음이 두텁고, 학식이 많은 현자가 궁극의 경지에 이르는 정해진 길을 보고, 여러 당파 사이에서도 그에 맹종하지 않고, 탐욕과 혐오와 분노를 억제하면, 세상을 바르게 편력할 수 있다.

372 깨끗한 행동으로 번뇌를 극복한 승리자로서, 가려진 온갖 것을 없애고, 온갖 사물을 지배하고, 피안에 이르러 흔들리지 않고, 생존을 이루는 모든 요소를 정확히 인식하면, 세상을 바르게 편력할 수 있다.

373 과거나 미래에 대한 (헛된) 기대를 초월하여, 지극히 맑은 지혜가 있어 변화하는 생존의 영역에서 벗어나 있으면 세상을 바르게 편력할 수 있다.

374 궁극의 경지를 알고, 이법을 깨달아 번뇌의 때를 없애고, 생존을 이루는 모든 요소를 멸하면, 그로 인하여 세상을 바르게 편력할 수 있다."

375 "존귀하신 스승(부처님)이시여, 진실로 그러합니다. 그

와 같이 생활하고 <u>스스로 억제하는</u> 수행자는, 모든 속박에서 벗어나 있습니다. 그는 세상을 바르게 편력하리라 생각합니다."

14. 담미카

내가 들으니, 어느 때 존귀하신 스승(부처님)께서 사바티의 제타숲속 고독한 사람들에게 음식을 나눠주는 장자의 동산에 계실 때였다. 담미카라는 재가在家 신도가 오백 명의 같은 신도와 함께 스승의 곁에 다가왔다. 그들은 스승에게 인사를 하고 한쪽에 앉았다. 그리고 담미카는 스승을 향하여 다음과 같이 시를 지어 여쭈었다.

376 "지혜가 많으신 고타마(부처님)이시여, 묻고 싶습니다. 가르침을 듣고 싶은 자로, 집을 나와 출가하는 것과 집에서 믿는 신도와는 어느 쪽이 더 좋습니까?

377 당신께서는 모든 신들을 포함한 이 세계의 참된 모습과 구극의 목적을 알고 계십니다. 미묘한 일을 보는 데에는 당신과 비교될 자가 없습니다. 세상 사람들은 당신을 위대하신 눈뜬 자(부처님)라고 부릅니다.

378 당신께서는 널리 깨달으시고, 모든 중생을 불쌍히 여기시며, 지식과 이법을 가르치십니다. 널리 보시는 분이시여, 세상에 뒤덮여 있는 것을 벗겨주시고, 티없이 온 세상을 밝히십니다.

379 에라바나(인드라의 코끼리)라는 코끼리왕은 당신이 승자라는 말을 듣고 당신을 찾아왔습니다. 그도 당신의 설법을 듣고 '훌륭하다' 하고 즐겁게 돌아갔습니다.

380 비사문毘沙門 천왕이신 쿠베라(북방 수호신)도 가르침을 듣고자 당신을 찾아왔습니다. 그 역시 당신의 설법을 듣고 기뻐했습니다.

381 아지비카(불타 당시 고사알라가 세운 종교) 교도나 자이나 교도는 물론, 논쟁을 일삼는 어떤 이교도일지라도, 모두 지혜로서는 당신을 능가할 수 없습니다. 마치 서 있는 자가 달려가는 자를 추월할 수 없듯이.

382 논쟁을 일삼는 어떤 바라문일지라도 그가 노년이건 중년이건 혹은 젊은이건, 그 밖의 '나야말로 참된 논객이다' 하고 자부하는 다른 사람들도 다 당신에게 배워 이득을 보려고 했습니다.

383 스승이시여, 당신께서 밝혀주신 이법은 오묘하며 또한 평안을 가져옵니다. 바라오니 저희들에게 설법해 주십시오. 세상에서 가장 높으신 눈뜬 분이시여.

384 이들 집을 나온 수행자들과 집에 머물러 있는 신도들은 눈뜬 분의 가르침을 듣고자 여기 모였습니다. 티 없는 사람(눈뜬 자)의 설법을 듣듯이, 마치 여러 신들이 인드라신의 이야기를 듣듯이."

385 스승께서 대답해 말씀하셨다.

"수행자들이여, 내 말을 들으라. 번뇌에서 벗어나는 참된 이법을 그대들에게 말하리라. 그대들은 각자 이를 잘 지켜라. 뜻을 보는 지자는 출가자에게서 그 행동을 배우고야 행하라.

386 수행자는 때가 아닌데 나돌아다니지 마라. 정한 시간에 탁발을 위해 마을로 나가라. 때가 아닌데 나돌아다님은 집념에 사로잡힌 때문이다. 그러므로 눈뜬자는 때가 아닌데 나돌아다니지 않는다.

387 갖가지 색 · 소리 · 맛 · 향 · 촉감은 사람을 도취시킨다. 이들에 대한 욕망을 버리고 정한 시간에 탁발을 위하여 마을로 들어가라.

388 그리하여 수행자는 정한 시간에 시주한 음식을 가지고 물러나와 혼자 그늘에 앉으라. 자신을 억제하고 생각을 안으로 돌려 마음을 밖으로 보내지 마라.

389 만일 가르침을 들으려는 사람이나 다른 수행자들과 함께 이야기할 기회가 있으면, 그들에게 훌륭한 진리를 보여주라. 남을 이간시키거나 비방하는 말을 해서는 안 된다.

390 흔히 자기를 비방하는 말에 곧잘 반발한다. 이처럼 옹졸한 자를 우리는 결코 칭찬할 수 없다. 논쟁에 대한 집착이 여기저기서 일어나 자신을 속박하므로 방심하게 된다.

391 지혜가 뛰어난 자(부처님)의 제자는 행복한 자(부처님)의 설법을 듣고 음식과 거처와 침구와 태의(太衣 : 가사의 일종)의 때를 씻을 물을 주의해서 사용하라.

392 그러므로, 수행자는 음식과 침구와 태의의 먼지를 없애기 위한 물에 집착하여 더럽혀지는 일이 없다. 이는 마치 연잎

에 엉킨 물방울과 같다.

393 다음은, 집에 있는 자가 해야 할 일에 대하여 말하리라.
이와 같이 실행에 옮기는 자는 훌륭한 가르침을 듣는 자다. 순
수한 출가수행자에 대한 규정을 소유의 번거로움이 있는 자가
지키기는 쉬운 일이 아니다.

394 생명 있는 것을 (손수) 해쳐서는 안 된다. 또 (남을 시
켜) 죽여서도 안 된다. 그리고 남들이 살해하는 것을 묵인해도
안 된다. 세상에서 난폭한 것을 겁내는 모든 생물에 대해 폭력
을 거두라.

395 그리고 가르침을 받는 사람은, 주지 않는 것은 무엇이
든 또 어디 있든 간에 이를 갖지 마라. 또 남을 시켜 가지거나
다른 사람이 갖는 것도 묵인하지 마라. 주지 않는 것은 무엇이
든 가져서는 안 된다.

396 지혜 있는 자는 음탕한 행위를 피하라. 마치 붉게 타오
르는 불을 피하듯. 만일 음행은 바로잡을 수 없더라도 남의 아
내를 범해서는 안 된다.

397 모임에서나 집단 속에서나 누구도 남에게 거짓말을 해
서는 안 된다. 다른 사람을 시켜 거짓말을 하게 해서도 안 된
다. 또 다른 사람이 거짓말하는 것을 묵인해도 안 된다. 모든
허망한 말을 피하라.

398 술을 마시지 마라. 이(금주)의 가르침을 기뻐하는 재가
자는 남에게 술을 마시게 해도 안 된다. 남이 술 마시는 것을
묵인해서도 안 된다. 이는 끝내 사람을 취하게 함으로써 정신

을 빼앗아가는 것임을 알라.

399 어리석은 자들은 취함으로써 악을 행하며 또 남들을 게으르게 만들어 역시 악을 저지르게 한다. 이러한 불행이 일어나지 않도록 미리 피하라. 술은 사람을 취하게 하고, 정신을 흐리게 하는데, 어리석은 자들은 이를 즐긴다.

400 첫째, 생명 있는 것을 해치지 마라. 둘째, 주지 않는 것을 가지려 하지 마라. 셋째, 거짓말을 하지 마라. 넷째, 술을 마시지 마라. 다섯째, 부정한 행동인 음행에서 떠나라. 여섯째, 밤참을 먹지 마라.

401 일곱째, 꽃다발을 갖거나 향수를 사용하지 마라. 여덟째, 땅바닥에 마련한 잠자리에 눕도록 하라. 이것이 여덟 부분으로 이루어진 우포사타[齋戒]다. 괴로움에서 벗어난 불타가 널리 가르치는 바다.

402 그리고 각각 그 달의 절반 동안 제8일 제14일과 15일에 우포사타를 행하고 또 특별한 달[30]에는 깨끗한 마음씨로 여덟 부분으로 된 원만한 우포사타를 청정한 마음으로 행하라.

403 우포사타를 행한 식자識者는 다음날 이른 아침에, 맑고 깨끗한 마음으로, 수행자들에게 음식을 베풀어주라.

404 법에 따라 얻은 재물로 부모님을 부양하라. 정당한 장사[31]를 하라. 이와 같이 힘써 살아가는 재가자는 죽은 후에 '스스로 빛을 낸다'는 이름을 가진 모든 신들과 함께 태어나리라."

---

30 1, 2, 3월과 5, 6월 또는 9, 10월의 이설이 있음.

31 무기, 생물, 고기, 술, 독의 매매를 제외한 장사.

제3편

커다란 장

1. 출가 出家

405 눈 있는 자(부처님)는 어째서, 무슨 생각 끝에 즐거이 출가했는지 나[阿難]는 이야기하리라.

406 '집에서의 생활은 비좁고 답답하며, 번거롭고 먼지가 쌓이는 곳이다. 그런데 출가는 드넓은 들이기 때문에 (번거로움이 없다는 생각에서)' 출가한 것이다

407 출가한 다음에는 육신에 대한 악행은 버렸다. 말에 의한 악행도 버리게 되어, 깨끗한 생활을 하게 되었다.

408 눈뜬 자는 마가다국의 (수도인) 산으로 둘러싸인 왕사성王舍城으로 갔다. 뛰어난 모습이신 (눈뜬) 분 (부처님)이 탁발하기 위해 그곳으로 갔다.

409 마가다국의 왕 빙비사라는 전당 위 꼭대기로 나아가 그를 보았다. 뛰어난 모습인 그 (눈뜬 자)를 보고 신하들에게 말했다.

410 "그대들은 저 사람을 보라. 그는 아름답고 건장하고 깨끗하며, 행동이 단정해 앞만 볼 뿐이다.

411 그는 눈을 아래로 뜨고 정신을 차리고 있다.[1] 이 사람은 천한 가문의 출신이 아닌 모양이다. 사신(使臣)들은 어서 달려가 그를 따르라. 그 수행자가 어디로 가는지."

---

1 인생의 제4기의 시기에 있는 편력 행자(行者)에 관해서는 "생물을 완전히 보호하기 위해서는 낮이나 밤이나 항시 육신에 고통이 있더라도 지상을 정사(精査)하면서 순행해야 한다"(《마누법전》 제6편 제68시)고 규정되어 있는 것에 대응함.

412 왕의 신하들은 그의 뒤를 따라가며 말했다.

"저 수행자는 어디로 가는 것일까? 또 어디에서 살고 있을까?"

413 그는 모든 감관을 억제하며, 이를 잘 다스리는 한편, 바른 자각을 가지고 집집마다 다니며 음식을 얻어 삽시간에 바리때를 채웠다.

414 성자는 탁발을 마치고, 도시 교외로 나와 판다바산으로 향했다──그는 그곳에 살고 있는 모양이었다.

415 고타마가 자기 처소에 가까이 이르는 것을 보고 왕의 신하들은 그에게 다가갔다. 그리고 한 신하는 왕에게로 돌아가 보고했다.

416 "대왕이시여, 그 수행자는 판다바산 앞 동굴 속에 호랑이나 황소, 또는 사자같이 앉아 있습니다."

417 신하의 말을 듣자 크사트리야(빔비사라왕)는 화려한 수레를 타고 판다바산으로 향했다.

418 크사트리야(왕)는 수레가 갈 수 있는 데까지 타고 가서 수레에서 내려 걸어서 그에게 가까이 다가가 앉았다.

419 왕은 기쁜 얼굴로 인사말을 나누고 말했다.

420 "그대는 젊음이 넘치는 인생의 봄입니다. 용모도 단정하고 수려하여 귀한 왕족(크사트리야)인 듯합니다.

421 코끼리 떼를 앞세운 날쌘 군대를 정비해서 그대에게 선물로 주고 싶소. 이를 받아주시오. 그대는 어느 가문의 출신인지 알고 싶소."

422 부처님께서 대답하셨다.

"왕이여 저쪽 설산(雪山=히말라야) 중턱에 한 민족이 살고 있습니다. 예로부터 코살라 나라의 주민으로 재물과 용기를 지니고 있습니다.

423 성(姓)은 '태양의 후예'라고 하며, 종족은 '석가족'이라 합니다. 왕이여, 나는 그 가문에서 태어나 출가했습니다. 욕망을 채우기 위해서가 아닙니다.

424 모든 욕망에는 근심이 있고 집을 나와 홀로 멀리 떠나 있는 것이 마음 편한 줄 알고 애써 정진합니다. 내 마음은 이를 즐깁니다."

2. 꾸준한 노력

425 네란자라 강가에서 평안을 얻기 위해 힘써 노력하며 명상에 잠긴 나에게

426 악마 나무치[破旬]가 위로의 말을 던지며 다가와 말했다.

"당신은 몸이 메마르고 안색도 나쁩니다. 당신은 죽음이 가까웠습니다.

427 당신이 죽지 않고 살아날 수 있는 희망은 천에 하나나 될까말까 하오. 당신은 살아야 합니다. 생명이 있어야 여러 가지 착한 일도 할 수 있지 않습니까?

428 그대가 베다를 배우는 자로서 깨끗한 행동을 하며, 성화聖火에 공물을 바쳐야만 많은 공덕을 쌓을 수 있습니다. 그렇게 (고행에) 힘쓴다 해서 무슨 소용이 있겠습니까?

429 꾸준히 노력해야 하는 길은 가기가 힘들고 행하기도 힘들어 도달하기도 어렵습니다."

이러한 시를 지어 부르고 악마는 눈뜬 자(부처님)의 곁에 섰다.

430 악마가 그렇게 말하자, 부처님은 이내 말씀하셨다.

"게으른 자의 친족이여, 악한 자여, 너는 (속세의) 훌륭한 일을 위해 여기 왔지만,

431 나는 (속세의) 훌륭한 사업을 티끌만큼도 필요로 하지 않는다. 악마는 그런 사업을 하여 공덕을 세우려는 자들에게 가서 말하라.

432 나에게는 신앙이 있고, 노력이 있으며, 또한 지혜가 있다. 이처럼 힘써 노력하는 나에게 생명에 대한 것을 묻는가.

433 (힘써 노력하기 때문에 일어나는) 이 바람은 능히 강물도 메마르게 할 것이니. 오로지 마음을 다해 수도에 힘쓰고 있는 내 몸의 피가 어찌 마르지 않겠는가.

434 (몸의) 피가 메말라버리면 쓸개나 담도 마르며, 살이 빠지면 마음은 점점 맑아지리라. 내 생각과 지혜와 통일된 마음은 더욱 편안하게 되리니.

435 나는 이렇게 편안히 살며, 가장 큰 고통(고행)을 달게 받고 있기 때문에, 내 마음은 갖가지 욕망에 사로잡히는 일이

없다. 보라, 이 몸과 마음의 깨끗함을.

436 너의 첫번째 군대는 욕망이고, 두번째 군대는 혐오며, 세번째 군대는 굶주림과 목마름이요, 네번째 군대는 애착이다.

437 그리고 다섯번째 군대는 권태와 잠이며, 여섯번째 군대는 공포요, 일곱번째 군대는 의혹이고, 여덟번째 군대는 허영과 고집이다.

438 그릇된 수단으로 얻은 이득과 명성과 존경과 영예와 자기를 추켜세우고 남을 경멸하는 것—

439 나무치여, 이것들이 너의 병력이다. 검은 악마의 공격군이다. 용기가 없는 자는 이를 물리칠 수 없다. 용기가 있는 자는 이를 물리치고 즐거움을 얻게 된다.

440 이러한 내가 문자풀을 입에 물고(항복의 표시) 적에게 항복하겠느냐? 나는 이 세상의 생은 좋아하지 않는다. 패배하고 살아가느니보다 차라리 싸워서 죽는 편이 낫다.

441 어떤 수행자[比丘]나 바라문들은 (너의 군대에게) 멸하여 자취를 감추고 보이지 않는다. 그리고 덕 있는 자가 갈길도 알지 못하고 있다.

442 군대가 사방을 에워싸고, 악마가 코끼리를 타고 돌아다니는 것을 보았으니, 나는 이를 맞아 싸우리라. 너는 결코 나를 이곳에서 물러서게 하지 못하리라.

443 신들도 세상사람들도 너의 군대를 무찌를 수 없지만, 나는 너의 군대를 지혜로써 격파하리라. 마치 아직 불에 굽지 않은 흙사발을 돌로 깨듯.

444 그리고 깊이 느끼는 바를 옳게 잡아 굳건한 신념으로 널리 이 나라에서 저 나라로 두루 돌아다닐 것이다—제자들을 인도하며.

445 그들은 내 가르침을 실제로 행하며, 게을리하지 않고 노력하고 있다. 그곳에 가면 근심도 욕망도 없는 경지에 도달하게 되리라."

446 이에 악마가 말했다.

"나는 칠 년 동안이나 그대 가는 곳마다 그 뒤를 한발 한 발 따라다녔다. 그러나 정신을 똑바로 차리고 있는 이에게는 뛰어들 틈이 없었다.

447 마치 까마귀가 반질반질한 바위를 보고 '저것은 얼마나 연하고 맛이 좋을까' 하고 그 주위를 빙빙 도는 것과 같았다.

448 그곳에서 맛있는 것을 얻을 수 없어서 날아가 버린 까마귀처럼, 나는 지쳐서 고타마佛陀에게서 떠나겠다."

449 근심에 잠긴 악마의 옆구리에서 비파가 뚝 떨어졌다. 그러자 그 야차(악마)는 기운 없이 그 자리에서 사라지고 말았다.

3. 훌륭한 설법

내가 들으니, 어느 때 부처님께서 사바티의 제타숲 고독한 자들에게 음식을 나눠주는 장자의 동산에 계셨다. 그때 스승은 도를 닦는 여러 사람〔沙門〕들을 불렀다.

"도를 닦는 자들이여."

"존귀하신 스승이시여."

사문들이 스승께 대답했다.

이어 스승께서 말씀하셨다.

"도를 닦는 자들이여, 네 가지 특징을 가진 말은 훌륭한 설법이며, 결코 그릇된 가르침이 아니다. 모든 지혜로운 자들이 들어도 결코 결점이 없어 비난받지 않을 것이다. 그 네 가지란 무엇인가? 도를 닦는 자들이여, 도인이 훌륭하게 가르친 것만을 말하고 그릇된 가르침을 말하지 않으며, 참다운 이법만을 말하고 그릇된 이법은 말하지 않으며, 정다운 말만을 하고 정답지 않는 말은 하지 않으며, 진실만을 말하고 허망한 말은 하지 않는 이 네 가지 특징을 가진 말을, 도를 닦는 자들이여, 훌륭한 설법이라 한다. 결코 그릇된 이야기가 아니다. 따라서 여러 지혜로운 사람들이 들어도 결코 비난받지 않을 것이다."

이와 같이 말씀하시고 나서, 행복한 사람인 스승께서는 다음과 같이 다시 말씀하셨다.

450 "선한 사람들은 가장 훌륭한 설법을 해야 한다. 이것이 첫째다. 참된 이법을 말하고 그릇된 이법을 말하지 마라. 이것이 둘째다. 좋은 말을 하고 좋지 않은 말을 하지 마라. 이것이 셋째다. 진실을 말하고 허망된 것을 말하지 마라. 이것이 넷째다."

그때 방기사 장로가 자리에서 일어나 옷을 한쪽 어깨에 걸치고, 스승(부처님)이 계신 곳을 향해 합장하고 말했다.

"문득 생각나는 일이 있습니다, 행복한 분이시여."

"기억을 더듬어 말해 보라, 방기사여."

스승께서 이렇게 말씀하시니 방기사는 스승 앞에 나아가 알맞은 시로 스승님을 찬탄했다.

451 "'자기를 괴롭히지 않고, 남을 해치지 않는 말만을 하라' 하시니 이는 진실로 훌륭한 설법입니다.

452 '좋은 말만을 하라' 이는 환영받을 말입니다. 느낌이 나쁜 말은 쓰지 말고, 남을 즐겁게 하는 말만을 해야 할 것입니다.

453 진실은 참으로 영원토록 남는 말입니다. 이는 불멸의 법칙입니다. 선한 사람들은 진실과 진리와 이법에 안주하고 있습니다.

454 평안에 도달하고 괴로움을 없애기 위하여, 부처님께서 가르친 말씀은 실로 모든 말 가운데서 가장 최상의 것입니다."

4. 순다리카 바라드바자

내가 들으니, 어느 때 부처님께서 코살라 나라의 순다리카 강가에 계실 때였다. 바라문 순다리카 바라드바자가 순다리카 강가에서 성화聖火를 올려 제사를 지내고 있었다.

그는 불에 공양을 올리고 자리에서 일어나 사방을 두루 살피면서 말했다.

"이 공물의 나머지를 누구에게 주면 좋으랴."

그때 그는 머지않은 곳에 존귀하신 스승(부처님)이 어떤 나무 아래서 옷을 머리까지 푹 둘러쓰고 앉아 있는 것을 보았다. 그는 왼손에는 공물의 나머지를 들고 오른손에는 물병을 들고 스승에게 다가갔다. 스승은 그 발소리를 듣고 머리에 둘러썼던 옷을 내렸다. 이에 순다리카 바라드바자는 '이 사람은 머리를 깎고 있다. 삭발한 분임에 틀림없다' 생각하고 다시 되돌아가려 했다.

그러나 다시 생각하기를,

'머리를 깎고 있다 해도 이 세상에서 가끔 찾아볼 수 있는 바라문일지도 모른다. 가까이 가서 그의 출신을 물어보자.'

그는 스승에게 다가가 말했다.

"당신은 어느 가문의 태생입니까?"

바라문인 순다리카 바라드바자에게 스승께서 시로 말씀하셨다.

455 "나는 바라문도 아니고, 왕족도 아니다. 또 바이샤족도 그 밖의 아무것도 아니다. 나는 여러 평민들의 성을 잘 알고 있으며, 몸에 가진 것이라고는 하나도 없다. 다만 깊이 생각하면서 세상을 걸어갈 뿐이다.

456 나는 중의重衣를 걸치고 집도 없이, 머리와 수염을 짧게 깎고 마음을 편안히 하고, 세상에 물드는 일 없이 세상을 걸어

간다. 바라문이여, 그대가 내게 성을 묻는 것은 마땅치 않다."

457 바라문이 말했다.

"그러나 바라문은 자기와 비슷한 사람을 만나면 '그대는 바라문이 아닌가' 하고 묻게 마련입니다."

"만일 그대가 바라문이면 바라문이 아닌 나에게 말하라. 난 그대에게 세 구절과 스물넉 자로 된 사비트리 찬가[2]가 무엇인지 물으리니."

458 바라문이 말했다.

"이 세상에서 선인이나 왕족 그리고 바라문이나 평민들이, 무엇 때문에 신들에게 갖가지 공물을 바칩니까?"

스승께서 말씀하셨다.

"구극에 도달하여 베다에 통달한 자가 제사때 (어떤 속인으로부터) 공물을 받으면 그 제사는 잘 이루어지리라."

459 바라문이 말했다.

"저는 베다에 통달한 자를 그렇게 보았기 때문에 그 사람에 대한 내 헌공獻供은 이루어질 것이옵니다. (이전에는) 그대와 같은 사람을 만나지 못했기 때문에 남은 공물을 다른 사람이 먹었사옵니다."

460 스승께서 대답하셨다.

"그러니까 바라문이여, 그대는 의義로운 자로 의를 구해 왔으니 가까이 다가와 물으라. 아마 여기 평안하고 분노의 연기가 사라져, 괴로움을 모르며 욕심이 없는 총명한 사람을 만나

2 《리그베다》 제3편 제62시편 10에 있는 태양신 사비트리에 대한 찬가.

보게 되리라."

461 바라문이 말했다.

"고타마시여, 저는 제사를 즐기며 제사 올리기를 원하지만 무엇에 공물을 드리는 것이 좋은지 잘 모르니 이것을 저에게 가르쳐주옵소서."

스승께서 대답해 말씀하셨다.

"그럼 바라문이여, 귀기울여라. 내 그대에게 설법하리라.

462 태어난 가문을 묻지 말고 그 행위를 물으라. 불은 온갖 섶에서 일어난다. 천한 집에서 태어난 자도 성자와 같이 도에 대한 뜻이 굳고, 참회하는 마음으로 근신하면 고귀한 인간이 된다.

463 진실로써 자신을 다스리고 (여러 감관을) 억제하며, 베다의 오묘한 뜻에 통달하여 깨끗한 행동을 닦는 자들──그들에게 때때로 공물을 바치라. 복과 덕을 구하는 바라문은 그들을 공양하라.

464 온갖 욕망을 버리고, 집 없이 걸어가며, 능히 자기자신을 억제하고 곧고 올바른 자들──그들에게 때때로 공물을 바치라. 복과 덕을 구하는 바라문은 그들을 공양하라.

465 탐욕을 떠나 여러 기관器官이 평정을 누리고, 달이 라후(Rāhu)[3]의 손에서 벗어나듯 속박되는 일이 없는 자들─그들에게 때때로 공물을 바치라. 복과 덕을 구하는 바라문은 그들을

---

3 인도신화에 나오는 귀신의 이름. 이 신이 달과 해를 삼키기 때문에 일식이나 월식이 일어난다고 생각함.

공양하라.

466 집착하는 일이 없이, 언제나 마음을 가다듬어, 자기 소유로 생각하던 것을 다 버리고 세상을 걸어가는 자들——그들에게 때때로 공물을 바치라. 복과 덕을 구하는 바라문은 그들을 공양하라.

467 온갖 욕망을 다 버리고 탐욕을 이겨가며, 삶과 죽음의 끝을 알고 마음의 평안으로 돌아가 맑기가 호수와 같은 완전한 자〔如來〕는 공양을 받을 만하니라.

468 완전한 자는 평등한 자(과거에 눈뜬 자들·여러 부처님들)로 평등하지 않은 자와는 멀리 떠나 있다. 그는 끝없는 지혜를 가지고 있으며, 이 세상이나 저 세상에서 더러운 물이 드는 일이 없다. 완전한 자는 공양을 받을 만하니라.

469 속이거나 오만하지 않고[4] 탐욕에서 벗어나 이것이라고 집착하는 일이 없으며, 욕심이 없고, 노함이 없이, 마음은 평화로워 우울의 때〔垢〕를 씻어버린 바라문인 완전한 자는 공양을 받을 만하니라.

470 마음의 집착을 끊고, 아무것에도 사로잡히지 않으며, 이 세상에 있어서나 저 세상에 있어서도 매이지 않는 완전한 자는 공양을 받을 만하니라.

471 마음을 언제나 고요히 하고, 사나운 물결을 건너 최상의 지혜로운 법[5]을 알아, 번뇌의 때를 멸하여 최후의 육신을 가

---

4 제149시와 같음.
5 '전지자(全知者)의 지혜로운 법'이라고도 해석함.

지고 있는 완전한 자는 공양을 받을 만하니라.

472 생존의 더러움과 거친 말을 제거하고 멸하여 존재하지 않는다. 그리고 베다에 정통하고 모든 일을 해탈한 완전한 자는 공양을 받을 만하니라.

473 집착을 넘어서 집착이 없고, 오만한 자들 사이에서도 오만하지 않고, 밭과 집터[6]와 아울러 괴로움을 잘 알고 있는 완전한 자는 공양을 받을 만하니라.

474 욕망에 끌리지 않고, 멀리 떠나는 것을 보고, 남이 가르치는 다른 견해를 초월하여 어떤 일에도 사로잡히지 않는 완전한 자는 공양을 받을 만하니라.

475 이것저것 일체의 사물을 깨달아 그것이 제거되고 소멸되어 존재하지 않는다. 마음의 평안에 돌아가 집착을 버리고 해탈한 완전한 자는 공양을 받을 만하니라.

476 번뇌의 속박과 이 세상의 생존을 없애버린 구극의 경지를 보고, 애욕의 길을 남김 없이 끊어버려 깨끗하고 결함이 없으며 더러움이 없이 투명하고 완전한 자는 공양을 받을 만하니라.

477 자기가 자기자신을 알고 인정하지 않으며 마음이 언제나 가라앉아, 육신이 똑바르고 스스로 안주하여 흔들리는 일이 없으며, 마음이 거칠지 않고 의혹을 모르는 완전한 자는 공양을 받을 만하니라.

478 미망에 의한 장애가 아무 데도 존재하지 않고, 모든 사

---

6 고뇌를 일으키는 인연, 즉 업과 번뇌.

물에 대하여 지혜로운 눈을 가지고 있으며, 최후의 육신을 지니고 복된 무상의 도를 깨친—이것만으로 인간은 깨끗해질 수 있다—완전한 자는 공양을 받을 만하니라."

479 "당신과 같은 베다에 통달한 분을 만났으니, 저의 공물은 헛되지 않겠습니다. 범천께서 증인이 되어 살펴주소서. 스승이시여, 원하오니 제게서 받아주소서. 스승이시여, 원하오니 저의 공양을 받아주소서."

480 "시를 읊어 얻은 것으로 나는 먹을 수 없다. 바라문이여, 이는 바르게 보는 자들(눈뜬 자들 · 여러 부처님)의 도리가 아니다. 시를 읊어서 얻은 것을 눈뜬 자들은 물리친다. 바라문이여, 일에는 도리가 있으니, 이것이 그들의 생활방도니라.

481 완전한 자인 위대하신 선인仙人, 번뇌의 때를 씻어버리고, 악행을 소멸한 자에게는 다른 음식을 바쳐라. 이것은 공덕을 바라는 자의 (복된) 밭이기 때문이니라."

482 "스승이시여, 저와 같은 사람의 보시를 받을 수 있는 분, 또 제사때에 찾아가 공양할 만한 분을—당신의 가르침을 받아—자세히 알고 싶으니 가르쳐주소서."

483 "격렬함을 떠나 마음에 때가 묻지 않았으며, 모든 욕망을 떠나 두려움을 없앤 자,

484 한계의 끝(번뇌)을 억제하고, 생사를 다 알며, 성자의 덕성을 몸에 지닌 자가 제사를 위해 왔을 때,

485 그를 대해 눈을 찌푸려 내려다보지 말고 합장하여 그를 예배하라. 음식으로 그를 공양하라. 그에게 준 보시는 뜻을 이

루게 되며 과보를 가져오리니."

486 "눈뜬 자, 당신은 공양을 받아 마땅하옵니다. 당신은 최상의 복된 밭이며, 온 세상의 보시를 받으실 분이옵니다. 당신께 베푼 시물은 큰 과보를 가져올 것이옵니다."

이에 바라문 순다리카 바라드바자가 다시 스승에게 말했다.

"놀랍습니다. 고타마시여, 마치 쓰러진 사람을 일으키듯 가려진 것을 벗겨주듯 길 잃은 자에게 길을 가리켜주듯 또는 '눈뜬 자는 빛을 보리라' 하고 어둠 속에서 등불을 비춰주듯, 고타마께서는 갖가지 방법으로 법을 밝히셨습니다. 저는 고타마 당신께 귀의합니다. 그리고 법과 수행승의 모임에 귀의합니다. 저는 고타마께 출가하여 완전한 계율을 받겠습니다."

그리하여 바라문 순다리카 바라드바자는 스승께 출가하여 완전한 계율을 받았다. 그러더니 얼마 후 이 장로 순다리카 바라드바자는 홀로 멀리 떠나 게으르지 않고 꾸준히 정진하기에 힘써 얼마 가지 않아 가장 깨끗한 행동의 구극—여러 어진 남자들은 이를 얻기 위해 집을 나와 집 없는 상태에 들어가는 것인데—을 현세에서 스스로 깨닫고, 동시에 이를 증명하고 구현하며 나날을 보냈다.

'태어나는 일은 끝났다. 깨끗한 행行은 이미 완성되었다. 할 일을 다했다. 이제 다시는 이런 생존을 받는 일은 없을 것이다' 하고 깨달았다.

이리하여 순다리카 바라드바자 장로는 성자의 한 사람이 되었다.

5. 마가

내가 들으니, 어느 때 존귀하신 스승(부처님)께서 왕사성의 독수리봉〔鷲峰〕에 계셨다. 이때 마가라는 청년이 스승이 계신 곳으로 찾아가 기쁘고 기억할 만한 인사를 나눈 후 한쪽에 앉았다. 그리고 마가 청년은 스승께 말했다.

"스승 고타마시여, 저는 참으로 베푸는 시주施主며 어질고 너그러워 누구에게나 구하는 자에게 기꺼이 응답합니다. 그리고 법에 의해 재물을 구합니다. 그리하여 이것을 한 사람에게도 주고 두 사람에게도 주며, 세 사람에게도 주고 네 사람에게도 주며, 다섯 사람에게도 주고 여섯 사람에게도 주며, 일곱 사람에게도 주고 여덟 사람에게도 주며, 아홉 사람에게도 주고 열 사람에게도 주며, 스무 사람에게도 주고 서른 사람에게도 주며, 마흔 사람에게도 주고 쉰 사람에게도 주며, 백 사람에게도 주고 더 많은 사람에게도 나누어줍니다. 스승 고타마시여, 제가 이렇게 주고 이와 같이 바치면 얼마나 많은 복과 덕을 얻겠습니까?"

"젊은이여, 그대가 참으로 그렇게 주고 그렇게 바친다면 많은 복과 덕을 얻게 되리라. 젊은이여, 누구나 주는 자, 베푸는 자〔施主〕로서, 주는 것을 요구하는 자에게 기꺼이 응하고 법에 따라 재물을 마련하여, 이를 한 사람에게 주고, 나아가 백 사람에게도 주며, 더 많은 사람에게도 주면 많은 덕을 얻게 되리라."

마가 청년은 이에 시를 지어 여쭈었다.

487 마가 청년이 말했다.

"가사를 걸치고 집 없이 다니시는 너그러우신 스승 고타마께 여쭙겠습니다. 베푸는 것을 요구하는 자에게 응하는 재가在家의 시주, 복과 덕을 구하고 복과 덕을 위해 공물을 바치며, 이 세상에서 남에게 음식을 주는 자가 제사를 올릴 때 누구에게 바치는 공물이 가장 깨끗합니까?"

488 스승께서 대답하셨다.

"마가여, 보시를 구하는 자에게 응하는 재가의 시주, 복과 덕을 구하고 복과 덕을 위해 공양을 바치는 자는 이 세상에서 음식을 남에게 주는 참된 보시를 받아야 할 자들을 기쁘게 하리라."

489 마가 청년이 말했다.

"보시를 구하는 자에 응하는 재가의 시주, 복과 덕을 구하고 복과 덕을 위해 공양을 바치는 자가 남에게 음식을 줄 때는, 마땅히 보시를 받을 만한 사람을 제게 말씀해 주십시오, 스승이시여."

490 "참으로 집착하는 일 없이 세상을 걸어가고, 가진 것 하나 없이 자기를 억제하는 완전한 자—그들에게 때때로 공물

을 바치라. 복과 덕을 구하는 바라문은 그들을 공양하라.

491 모든 속박에서 벗어나, 스스로 억제하며, 해탈하여 괴로움을 모르고 욕심이 없는 자—그들에게 때때로 공물을 바치라. 복과 덕을 구하는 바라문은 그들을 공양하라.

492 모든 속박에서 해방되어 스스로 억제하고 해탈하여 괴로움과 욕심이 없는 자—그들에게 때때로 공물을 바치라. 복과 덕을 구하는 바라문은 그들을 공양하라.

493 탐욕과 혐오와 미망을 버리고 번뇌의 더러움을 없애고 깨끗한 행을 닦고 있는 자—그들에게 때때로 공물을 바치라. 복과 덕을 구하는 바라문은 그들을 공양하라.

494 속이지 말고 거만하지 않으며, 탐욕에서 떠나 내 것이라 집착하는 일 없이 욕심을 버린 자—그들에게 때때로 공물을 바치라. 복과 덕을 구하는 바라문은 그들을 공양하라.

495 참으로 온갖 애착에 사로잡히지 않고 사나운 물결을 건너 내 것이라 집착하는 일 없이 세상을 걸어가는 자—그들에게 때때로 공물을 바치라. 복과 덕을 구하는 바라문은 그들을 공양하라.

496 이 세상이나 저 세상, 그 밖의 어떠한 세상에서도, 갖가지 생존에 애착이 없는 자—그들에게 때때로 공물을 바치라. 복과 덕을 구하는 바라문은 그들을 공양하라.

497 모든 욕망을 버리고, 집 없이 세상을 걸어가며 능히 자기자신을 억제하며 올바르고 곧은 자—그들에게 때때로 공물을 바치라. 복과 덕을 구하는 바라문은 그들을 공양하라.

498 탐욕을 떠나, 갖가지 기관器官의 평정을 누리고, 달이 라후에서 벗어나듯 속박되는 일이 없는 자—그들에게 때때로 공물을 바치라. 복과 덕을 구하는 바라문은 그들을 공양하라.

499 평안으로 돌아가고, 탐욕을 떠나 화내는 일이 없이, 이 세상에서 생존의 모든 요소를 버리고 살아가는 자—그들에게 때때로 공물을 바치라. 복과 덕을 구하는 바라문은 그들을 공양하라.

500 생사를 남김 없이 버리고, 온갖 의혹에서 떠난 자—그들에게 때때로 공물을 바치라. 복과 덕을 구하는 바라문은 그들을 공양하라.

501 자기를 의지하여 세상을 걸어가며, 아무것도 가진 것 하나 없이 모든 것을 해탈한 자—그들에게 때때로 공물을 바치라. 복과 덕을 구하는 바라문은 그들을 공양하라.

502 '이것은 최후의 생존이며, 다시 태어나는 일이 없다'는 것을 이 세상에서 진실로 알고 있는 자—그들에게 때때로 공물을 바치라. 복과 덕을 구하는 바라문은 그들을 공양하라.

503 베다에 정통하여 안정된 마음을 즐기고, 생각이 깊으며 도를 깨달아 많은 사람들을 귀의하게 한 자—그들에게 때때로 공물을 바치라. 복과 덕을 구하는 바라문은 그들을 공양하라."

504 "참으로 저의 질문은 헛되지 않았습니다. 당신께선 제게 보시받을 사람들에 대하여 말씀하셨습니다. 스승이시여, 당신께선 이 세상의 모든 것을 통찰하시고 계십니다. 당신께선 참된 이법을 알고 계시기 때문입니다."

505 마가 청년이 말했다.

"보시를 구하는 자에게 응하는 재가의 시주, 복과 덕을 구하고 복과 덕을 위해 공물을 바치는 자가, 이 세상에서 남에게 음식물을 줄 때 완전한 제사가 어떤 것인지 저에게 말씀해주십시오, 스승이시여."

506 존귀하신 스승(부처님)께서 대답하셨다.

"마가여, 제사를 지내라. 제사를 지내는 자는 언제 어디서나 마음을 깨끗이 해야 한다. 제사 지낼 자가 전심할 일은 제사뿐이다. 그는 여기서 마음을 안정시키고 악을 버린다.

507 그는 탐욕에서 떠나 악을 억제하고, 끝없는 자비심을 일으켜 밤낮을 가리지 않고 언제나 한결같이 자비심을 사방에 가득차게 한다."

508 "누가 깨끗한 마음을 가지고 해탈하게 됩니까? 누가 속박됩니까? 그리고 무엇에 의하여 사람들은 스스로 범천에 이르게 됩니까? 성자시여, 가르쳐주십시오. 스승이시여, 저는 지금 범천을 눈앞에 보았습니다. 참으로 당신은 범천과 같은 분이십니다. 빛을 발하시는 분이시여, 어떻게 하면 범천계에 태어날 수 있습니까?"

509 스승께서 대답하셨다.

"마가여, 세 가지 자세[7]를 갖춘 완전한 제사를 지낼 수 있는 자는 보시받는 자들을 기쁘게 한다. 보시를 구하는 자에게 응하는 자가 이렇게 올바르게 제사를 지내면 범천계에 태어날 수

7 보시하기 전의 기쁨, 보시할 때의 맑은 마음, 보시 후의 만족을 말함.

있다."

이렇게 말씀하셨을 때, 마가 청년이 스승께 말했다.

"놀랍습니다. 고타마시여, 참으로 훌륭하십니다. 고타마시여, 마치 쓰러진 자를 일으키듯, 가려진 것을 벗겨주듯, 길 잃은 자에게 길을 가리켜주듯, 또는 '눈뜬 자는 빛을 보리라' 하고 어둠 속에서 등불을 비춰주듯, 고타마께서는 갖가지 방법으로 진리를 밝히셨습니다. 저는 고타마 당신께 귀의합니다. 그리고 법과 수행승의 모임에 귀의합니다. 오늘부터 목숨이 다할 때까지 고타마께서는 저를 재가의 신도로 받아주소서."

6. 사비야

내가 들으니, 어느 때 존귀하신 스승(부처님)께서 왕사성의 죽림원竹林園에 있는 다람쥐 기르는 곳에 거주하고 계실 때였다. 세상을 편력하는 수행자 사비야에게 옛날의 혈족인 한신神이 말했다.

"사비야여, 도를 닦는 자[사문]든 바라문이든 그대가 질문했을 때 분명히 대답할 수 있는 자가 있거든 그대는 그 사람에게서 깨끗한 행을 닦을 수 있으리라."

이에 수행자 사비야는 그 신으로부터 들은 그러한 가르침을 명심하고, 여섯 스승을 찾아가서 질문했다. 즉 그들은 푸라나

캇사파, 막카리 고살라, 아지타 케사칸바리, 파쿠타 카차야나, 베라티족의 아들인 산자야, 나타족의 아들인 니간타 등인데, 이들은 도를 닦는 자나 바라문으로서 따르는 많은 무리들을 거느린 단체의 스승이며, 널리 이름이 알려진 교파의 교조며, 많은 사람으로부터 선인善人으로 숭배받고 있었다.

그들은 수행자 사비야로부터 질문을 받고 만족한 대답을 할 수 없었다. 때문에 분노와 미움과 두려운 빛을 얼굴에 나타내고는 오히려 수행자 사비야에게 반문했다. 사비야는 이렇게 생각했다.

'이들 도를 닦는 자나 바라문들은 많은 제자를 거느린 단체의 스승으로 널리 이름이 알려지고, 또 한 교파의 교조로 많은 사람들에게서 선인이라 숭배를 받고 있다. 이들 푸라나 캇사파에서 나타족의 아들 니간타에 이르기까지 내 질문에 만족한 대답을 못 하고 분노와 미움과 두려운 빛을 얼굴에 나타내고 도리어 나에게 반문하였다. 이제 나는 속세에 돌아가 갖가지 욕망이나 누려야겠다.'

그리고 사비야는 다시 생각하기를,

'여기 계신 사문 고타마도 많은 제자들을 거느린 단체의 스승이며, 널리 이름이 알려진 교파의 교조로서 많은 사람들로부터 선인이라 숭배를 받고 있다. 이제 나는 고타마를 찾아가서 질문해 보리라.'

그리고 수행자 사비야는 다시 다음과 같이 생각했다.

'여기 있는 도를 닦는 자, 바라문들은 이미 나이가 늙어 노쇠하였지만 윗자리에 있고 많은 경험을 쌓아 집을 나온 지 이미 오래고, 또 제자를 거느린 단체의 스승이며 널리 이름이 알려진 한 교파의 교조로 많은 사람들로부터 선인이라 숭배를 받고 있다. 즉 이들 푸라나 캇사파에서 나타족의 아들인 니간타에 이르는 사람들은 내 질문에 만족한 대답을 하지 못했다. 만족한 대답을 하지 못했을 뿐만 아니라 분노와 미움과 두려운 빛을 얼굴에 나타내고 오히려 나에게 물었다. 그런데 도를 닦는 고타마가 어떻게 내 질문에 명확한 답을 줄 수 있을까? 나이도 어리고 집을 나온 지도 얼마 되지 않는 고타마가……'

그리고 다시 계속해서 수행자 사비야는 생각했다.

'도를 닦는 자가 젊다고 해서 얕보거나 푸대접해서는 안 된다. 그는 비록 나이가 젊더라도 도를 닦는 자다. 큰 신통력이 있을 것이다. 나는 고타마에게 가서 물어보리라.'

그리하여 수행자 사비야는 왕사성을 향해 발길을 옮겨 죽림원에 있는 다람쥐 기르는 곳에 계신 존귀하신 스승(부처님)을 찾아가 뵈었다. 기쁘고 기억에 남을 만한 인사를 하고 한쪽에 앉았다. 그리고 시를 지어 다음과 같이 여쭈었다.

510 "궁금한 게 있어서 여쭈어보려고 여기에 왔습니다. 제가 여쭈면 차례차례로 법에 따라 분명하게 대답해 주십시오."

511 스승께서 대답하셨다.

"그대는 질문하려고 먼 데서 내게로 왔다. 그대를 위해 그것을 풀어주리다. 그대가 물으면 차례차례로 법에 따라 분명하게 대답하리라.

512 사비야여, 무엇이든 원하는 대로 물어보라. 나는 하나하나 궁금증을 풀어주리라."

그때 수행자 사비야가 생각하기를,

'참으로 놀라운 일이다. 정말 진귀한 일이다―내가 도를 닦는 다른 바라문들에게서는 찾아볼 수 없던 좋은 기회를 도를 닦는 고타마께서 나에게 주시는구나.'

그는 즐겁고 기쁜 마음으로 스승께 여쭈었다.

513 사비야가 말했다.

"무엇을 얻은 자를 수행승이라 부릅니까? 무엇에 의하여 온화한 자가 될 수 있습니까? 어떻게 하면 자기를 억제한 자라 할 수 있습니까? 어째서 눈뜬 자(부처님)라 부릅니까? 스승이시여, 이에 대해 저에게 말씀해 주십시오."

514 스승께서 대답하셨다.

"사비야여, 스스로 도를 닦아 완전한 평안에 도달하고 의혹에서 벗어나 생존과 쇠망을 버리고, 깨끗한 행에 안주하여 이 세상에 거듭나지 않는 자―그가 수행승이니라.

515 모든 일에 대하여 평정을 가지고 마음이 침착하며, 이 세상에서 아무것도 해치는 일이 없이, 사나운 물결을 건너 악에 물들지 않고 정욕에 복받치는 일이 없는 도인―그가 온유한 자니라.

516 온 세상에서 안팎으로 갖가지 감관感官을 잘 다스려 이 세상과 저 세상을 떠나, 죽을 때를 기다려 수양에 힘쓰는 자―그를 자기를 억제한 자 하니라.

517 모든 우주의 시간과 운행과 윤회와 생명 있는 자의 삶과 죽음을 아울러 헤아려서, 이 세상의 티끌을 떠나 때묻지 않고 깨끗하게 생을 멸해 버리기에 이른 자―그를 깨달은 자라 하니라."

그때 수행자 사비야는 스승의 설법을 듣고, 기쁨을 이기지 못하여 다시 다음과 같이 스승께 여쭈었다.

518 사비야가 말했다.

"무엇을 얻은 자를 바라문이라 부릅니까? 무엇에 의해 사문이라 합니까? 왜 목욕한 자라고 부릅니까? 어째서 용龍이라고 불립니까? 스승이시여, 제 물음에 설명해 주십시오."

519 스승께서 대답하셨다.

"사비야여, 일체의 악을 물리쳐 때묻지 않고, 마음을 잘 안정시켜 스스로 안주하며, 윤회를 넘어 완전한 자가 되어 구애됨이 없는 자―그를 '바라문'이라 하니라.

520 평안에 돌아가 선악을 버리고, 온갖 티끌을 떠나 이 세상과 저 세상을 알며, 생사를 초월한 자―이런 사람이 바로 그 때문에 '사문'이라 하니라.

521 온 세상에 있으면서 안팎으로 일체의 죄악을 씻어 떨쳐 버리고, 시간에 지배되는 신들과 인간 속에 살면서도 시간에 얽매이지 않는 자―그를 '목욕한 자'라 부르니라.

522 이 세상에서 어떤 죄악도 저지르지 않고, 모든 속박의 매듭을 풀어버리며 모든 것에 사로잡히는 일이 없이 해탈한

자—이런 사람을 바로 그 때문에 '용'이라 부르니라."

이때 수행자 사비야는 스승의 설법을 듣고 기쁨을 이기지 못하여 다시 다음과 같이 스승께 여쭈었다.

523 사비야는 말했다.

"눈뜬 자들은 누구를 가리켜 밭[8]의 승자라 부릅니까? 무엇에 의하여 슬기로운 자라 불립니까? 어찌하여 현자라고 합니까? 또 어찌하여 성자라고 불립니까? 스승이시여, 저의 물음에 설명해 주십시오."

524 스승께서 대답하셨다.

"사비야여, 하늘의 밭과 인간의 밭, 그리고 범천의 밭 등 모든 밭을 분별하고, 모든 밭의 근원인 속박에서 벗어난 자—이런 사람이 바로 그 때문에 '밭의 승자'라 불리니라.

525 하늘의 창고[9]와 인간의 창고 그리고 범천의 창고 등 모든 창고를 분별하고 모든 창고의 근원인 속박에서 벗어난 자— 이런 사람은 바로 그 때문에 '슬기로운 자'라 불리니라.

526 안팎 양면으로 흰 것을 분별하여 맑고 밝은 지혜가 있고, 흑백[善·惡]을 초월한 자—이런 사람은 바로 그 때문에 '현자'라 불리니라.

527 온 세상에서 안팎으로 옳고 그른 법을 알고 인간과 신들의 숭앙을 받으며, 집착의 그물에서 벗어난 자—그를 '성자'

---

8 6근 6경 12처.

9 인간의 본성을 구속하는 장애물.

라 하니라."

이때 수행자 사비야는 스승의 설법을 듣고, 기쁨을 이기지
못해 다시금 다음과 같이 스승께 여쭈었다.

528 사비야가 말했다.

"무엇을 얻은 자를 베다에 통달한 자라 합니까? 어떻게 완전
히 아는 자라 합니까? 어떻게 하여 정진하는 자가 됩니까? 또
태생이 훌륭한 자란 어떤 사람입니까? 스승이시여, 저에게 설
명해 주십시오."

529 스승께서 대답하셨다.

"사비야여, 도를 닦는 자 및 바라문들이 갖고 있는 모든 베
다를 분별하여, 자기가 감득한 온갖 것에 대하여 탐내는 일이
없이 일체의 느낌을 초월한 자—그는 베다에 통달한 자이니라.

530 안팎으로 병의 근원인 망상의 명칭과 형태를 분명히 알
고, 온갖 병의 근원인 속박에서 벗어난 자—그런 사람은 바로
그 때문에 '완전히 안 자'라 불리니라.

531 이 세상에서 모든 죄악을 떠나고 지옥의 괴로움을 벗어
나 애써 노력하는 현자—그런 사람이 '정진하는 자'이니라.

532 안팎으로 집착의 근원인 온갖 속박을 끊어버리고, 모든
집착의 근원인 속박에서 벗어난 자—그런 사람은 바로 그 때문
에 '태생이 훌륭한 자'라 불리니라."

이때 수행자 사비야는 스승의 설법을 듣고 기쁨을 이기지
못해 다시 다음과 같이 스승께 여쭈었다.

533 사비야가 말했다.

"무엇을 얻은 자를 박식한 자라 부릅니까? 무엇에 의하여 거룩하게 됩니까? 또 어떻게 해야 행이 원만한 자가 됩니까? 편력의 행자는 누구를 말합니까? 스승이시여, 저에게 설명해 주십시오."

534 스승께서 대답하셨다.

"사비야여, 가르침을 듣고 나서 세상의 옳고 그른 모든 이법을 분명히 알고, 모든 것에 대한 정복자, 의혹이 없는 자, 해탈한 자 그리고 괴로움이 없는 자를 '박식한 자'라 부르느니.

535 지혜로운 자는 모든 더러운 장애를 끊으며, 모태에 들어가는 일이 없다. 세 가지 생각[10]과 더러움을 없애버리고 망상된 분별을 하지 않는 자─그를 '성자'라 부르느니.

536 이 세상에서 해야 할 갖가지 일을 다하고, 슬기롭고 참된 이치를 알아, 무슨 일에도 사로잡히지 않고 해탈하여 노여움을 모르는 자─그를 '행실이 원만한 자'라 부르느니.

537 위로나 아래로, 옆으로나 가운데로 마땅히 괴로움의 과보가 일어날 행위를 피하며, 모든 행동을 잘 알아서 행하고 거짓과 교만과 탐욕과 분노와 명칭과 형태를 멸하여 얻어야 할 것을 마땅히 얻은 자─그를 '편력의 수행자'라 부르느니.

이때 수행자 사비야는 스승의 설법을 듣고 기쁨을 이기지 못하여 자리에서 일어나 상의를 어깨에 걸치고 스승께 합장하고 나서 다음과 같은 시를 지어 눈뜬 자이신 스승을 찬양했다.

538 "도를 닦는 모든 사람들의 논쟁에서, 명칭과 문자와 뜻

---

10 욕상(慾想) · 노상(怒想) · 해상(害想).

에서 일어난 예순세 가지 이설異說[11]을 이기시고 지혜 많으신 분은 거센 물결을 건너셨습니다.

539 당신께서는 괴로움을 멸하고 피안에 도달했습니다. 당신께서는 참된 자요, 깨달은 자며, 번뇌의 더러움을 멸한 자라고 생각합니다. 당신께서는 빛이 있고, 이해가 깊고, 지혜가 풍부합니다. 괴로움을 없앤 분이시여, 당신께선 저를 구해 주셨습니다.

540 당신께서는 저에게 의혹이 있음을 아시고 저를 의혹에서 구해 주셨습니다. 저는 당신께 경배합니다. 성자시여, 성자의 길을 다하신 이여, 마음이 거칠지 않은 태양의 후예시여, 당신은 인자하십니다.

541 제가 지난날에 품고 있던 의문을 당신께서는 분명하게 밝혀주셨습니다. 눈이 있는 자여, 성자시여, 진실로 당신은 깨치신 분입니다. 당신에겐 장애되는 것이 하나도 없습니다.

542 당신의 번뇌는 다 소멸되고 끊어졌습니다. 당신은 맑고 깨끗하고 자신을 억제하시며, 견고하고 성실하게 사시는 분이십니다.

543 코끼리 중의 왕이요, 위대한 영웅이신 당신께서 말씀하실 때에는, 모든 신들은 나라다와 팟바타들과 함께 기뻐합니다.

544 귀하신 분이시여, 당신께 경배합니다. 가장 높으신 분

---

11 《범망경(梵網經)》에서 주장한 62의 이단설에 자기 육신이 실재한다고 보는 견해를 넣어 63종 이설을 말함.

이시여, 저는 경배합니다. 신들을 포함한 온 세계에서 당신과 비교할 만한 이는 없습니다.

545 당신은 깨달으신 분이십니다. 당신은 스승이십니다. 당신은 악마의 정복자며, 현자이십니다. 당신은 번뇌의 숨은 힘을 끊고 스스로 건넜으며, 또 남들을 건너게 했습니다.

546 당신은 속박을 넘어섰고, 모든 번뇌의 더러움을 없앴습니다. 당신은 집착하는 일이 없는 사자입니다. 두려움에서 벗어나 있습니다.

547 아름다운 흰 연꽃이 흙탕물에 물들지 않는 것처럼, 당신은 선악의 어느 것에도 물들지 않습니다. 용감하신 이여, 두 발을 내밀어주십시오. 사비야는 스승께 경배합니다."

편력의 수행자 사비야는 존귀하신 스승(부처님)의 두 발에 머리를 대고 절하고 나서 말했다.

"놀랍습니다, 존귀하신 스승이시여. 훌륭하십니다, 존귀하신 스승이시여. 마치 쓰러진 자를 일으키듯, 덮인 것을 벗겨 주듯, 길 잃고 헤매는 자에게 길을 가리켜주듯, 또는 '눈뜬 자는 빛을 보리라' 하고 어둠 속에서 등불을 비춰주듯, 존귀하신 스승께서는 갖가지 방법으로 법을 밝혀주셨습니다. 저는 고타마께 귀의합니다. 또 진리와 수행승의 모임에 귀의합니다. 존귀하신 스승이시여, 저는 스승 곁으로 출가하겠습니다. 그리고 완전한 계율을 받고 싶습니다."

"사비야여, 일찍이 이교도였던 자가 이 가르침과 계율에 따라 출가하여 완전한 계율을 받고자 한다면, 그는 넉 달 동안 따로 살아야 하며 넉 달이 지난 후 족하다고 생각되었을 때, 여러 수행승들은 그를 출가시켜 완전한 계율을 받게 하여 수행승이 되게 한다. 이런 경우, 사람에 따라 (기간의) 차이가 있다."

"존귀하신 스승이시여, 만일 일찍이 이교도였던 자가 이 가르침과 계율에 따라 출가하여 완전한 계율을 받고자 원하는 경우 그렇게 하도록 한다면 저는 (넉 달이 아니라) 사 년 동안이라도 따로 살겠습니다. 그래서 사 년이 지난 후, 족하다고 생각되었을 때 여러 수행승들은 저를 출가시키고 완전한 계율을 받게 하여 수행승이 되게 해주십시오."

그러나 편력의 행자 사비야는 (곧) 스승의 곁으로 출가하여 완전한 계율을 받았다. 얼마 안 되어 이 장로 사비야는 다른 사람들을 멀리하고 홀로 꾸준히 정진하다가 이윽고 최상의 깨끗한 행의 구극—모든 어진 남자는 이를 얻고자 완전히 집을 나와 집 없는 상태에 이르렀지만—을 이승에서 스스로 깨달은 동시에 이를 입증하고 구현하며 나날을 보냈다.

'태어나는 일은 끝났다. 깨끗한 행은 이미 이루어졌다. 할일을 다했다. 이제 다시는 이러한 생존을 받는 일이 없을 것이다' 함을 깨달았다. 이리하여 사비야 장로는 성자의 한 사람이 되었다.

7. 세라

내가 들으니, 어느 때 스승께서 수행승 천이백오십 명과 함께 앙구타라파를 편력하시다가 그 지방의 아파나라는 앙구타라파의 어느 거리에 이르렀을 때였다. 머리를 기른 케니야라는 수행자는 생각하기를,

'석가족의 아들인 도를 닦는 고타마(부처님)께서는 석가족의 집에서 출가하여, 수행승 천이백오십 명의 많은 무리들과 함께 앙구타라파 지방을 편력하시다가 아파나에 이르렀다. 그 고타마에게는 참된 자, 깨달은 자, 밝은 지혜와 원만한 행을 지닌 자, 복된 자, 세상을 아는 자, 가장 위대한 자, 사람들을 화목하게 인도하는 자, 신들과 인간의 스승, 눈뜬 자, 그리고 거룩한 스승이라는 훌륭한 명성이 따르고 있었다. 그는 스스로 깨닫고 증명하시며, 신들과 악마와 범천이 있는 이 세계의 도를 닦는 자와 바라문과 신들과 인간을 포함한 모든 중생에게 가르침을 베푸신다. 그는 처음과 중간과 끝이 다 훌륭하며 뜻과 문장이 잘 갖추어진 가르침과 원만하고 깨끗한 행을 설법했다. 이렇게 훌륭하고 존경할 만한 어른을 뵙는 것은 참으로 복된 일이다.'

그리하여 머리가 긴 수행자 케니야는 스승이 계신 곳으로 가서 인사를 했다. 기쁘고 기억할 만한 인사를 나누고 한쪽에 가서 앉았다. 스승께서는 머리 긴 수행자 케니야에게 법에 대한 설법을 하시고, 용기를 북돋워 기쁘게 해주셨다.

이리하여 수행자 케니야는 용기를 얻어 기쁜 마음으로 스승께 말씀드렸다.

"고타마께서는 수행승의 모임에서 내일 제가 드리는 음식을 받아주십시오."

이 말을 듣고 스승께서 수행자 케니야에게 말씀하셨다.

"케니야여, 수행승의 모임은 그 수가 상당히 많아 천이백오십명이나 된다. 뿐만 아니라 그대는 바라문들을 신봉하고 있지 않느냐."

수행승 케니야는 거듭 스승께 말씀드렸다.

"고타마시여 수행승의 모임은 사람들이 많아 천이백오십 명이나 되고 또한 저는 바라문을 섬기고 있지만, 고타마께서는 수행승의 모임에서 내일 제가 드리는 음식을 받아주십시오."

스승은 수행자 케니야에게 다시 말씀하셨다.

"케니야여, 수행승의 모임은 사람들이 많아 천이백오십 명이나 된다. 뿐만 아니라 그대는 바라문을 신봉하고 있다."

머리 긴 수행자 케니야가 세번째로 다시 스승께 말씀드렸다.

"고타마시여, 수행승의 모임은 사람들이 많아 천이백오십 명이나 되며, 또한 저는 바라문을 섬기고 있지만, 고타마께서는 수행승의 모임에서 내일 제가 드리는 음식을 받아주십시오."

스승께서는 침묵으로 이를 승낙하셨다. 그리하여 머리 긴 수행자 케니야는 스승께서 승낙하심을 알고 자리에서 일어나 자기 암자로 돌아가서 친구와 친지 그리고 친척과 친족들에게 말했다.

"친구와 친지 그리고 친척과 친족이 되시는 여러분, 내 말을 들으십시오. 나는 사문 고타마를 그 수행승의 무리와 함께 내일 식사에 초대하였습니다. 그러니 여러분 친구와 친지 그리고 친척과 친족들은 나를 도와주시기 바랍니다."

"알겠습니다."

머리 긴 수행자 케니야의 친구와 친지 그리고 친척과 친족들은 그에게 답하고 나서, 어떤 이는 솥을 걸 구덩이를 파고, 어떤 자는 장작을 뽀개고, 어떤 자는 그릇을 씻고, 또 어떤 자는 물병을 준비하며, 어떤 자는 자리를 마련했다. 머리 긴 수행자 케니야는 (손수 흰 발을 친) 회장을 만들었다. 그때 바라문 세라는 아파나에 살고 있었는데, 그는 세 베다[12]의 오묘한 이치에 통달하여, 그 낱말의 활용론活用論 · 음운론音韻論 · 어원론(語源論＝제4의 아달바 베다)과 제5의 옛 전설의 어구와 문법에 능통하고, 순세론順世論[13]이나 위대한 인물의 관상에 통달하여, 3백 명의 소년들에게 베다를 가르치고 있었다. 수행자 케니야는 바라문 세라를 섬기고 있었다.

이때 마침 바라문 세라는 3백 명의 소년들에 둘러싸여 있다가 (오래 앉아 있었기 때문에 피로를 풀기 위하여) 다리를 펴고 여기저기 산책했다. 그러다가 머리가 긴 수행자 케니야

---

12 《리그베다》, 《사마베다》, 《야주두베다》를 가리킴.
13 주석은 위변설(詭辯舌)의 뜻으로 해석함.

의 암자에 가까이 갔다. 거기서 세라 바라문은 케니야의 암자에 속해 있는 머리를 기른 수행자들이 어떤 자는 솥을 걸 구덩이를 파고 어떤 자는 장작을 뽀개고, 어떤 자는 그릇을 씻고, 또 어떤 자는 물병을 준비하며, 어떤 자는 자리를 마련하고 수행자 케니야는 집회장을 만드는 것을 보고 케니야에게 말했다.

"그대 케니야는 아들을 장가라도 들이는가? 딸을 시집이라도 보내는가? 아니면 큰 제사라도 지내게 되는가? 아니면 마가다왕 세니야 빙비사라가 군대를 이끌고 내일 식사에 초대라도 되었는가?"

"세라여, 저에게는 아들을 장가 들일 일도, 딸을 시집 보낼 일도 없으며, 마가다왕 세니야 빙비사라가 군대를 이끌고 내일 식사에 초대되지도 않았습니다. 저에게는 큰 제사가 곧 있게 됩니다. 석가족의 아들인 사문 고타마께서는 석가족의 집에서 출가하여, 앙구타라파 지방을 편력하시다가 수행승 천 이백오십 명과 함께 아파나에 도착했습니다. 그 고타마에게는 참된 자, 도를 깨달은 자, 밝은 지혜와 원만한 행을 지닌 자, 복된 자, 세상을 아는 자, 가장 위대한 자, 사람을 화목하게 하는 자, 신들과 인간의 스승, 눈뜬 자 그리고 거룩한 스승이라는 훌륭한 명성이 따르고 있습니다. 저는 그분을 수행승들과 함께 내일 식사에 초대하였습니다."

"케니야여, 그대는 그를 눈뜬 자라고 부르는가?"

"세라여, 저는 그를 눈뜬 자라고 부릅니다."

"케니야여, 그대는 그를 눈뜬 자라고 부르는가?"

"세라여, 저는 그를 눈뜬 자라고 부릅니다."

그때 바라문 세라는 마음속으로 생각했다.

'눈뜬 자란 이 세상에서 그 목소리조차 듣기가 힘들다. 우리의 성전 속에는 위대한 인물의 상(相)이 서른두 가지 전해지고 있다. 이를 구비하고 있는 위인에게는 두 가지 길이 있을 뿐 다른 길은 없다. 만일 그가 집에 머물러 생활을 한다면 그는 전륜왕轉輪王[14]이 되어 정의를 지키는 법왕이요, 사방의 정복자로 국토와 백성을 안전케 하며, 일곱 가지의 보물을 갖게 될 것이다. 그러니까 그에게는 바퀴〔輪〕라는 보물, 코끼리·말·구슬·여자·재산 그리고 지도자라는 보물이 따를 것이다. 또 그에게는 천 명 이상의 아들이 있는데 모두가 용감하여 외적을 용감하게 무찌른다. 그는 이 대지大地를 사해四海 끝까지 무력을 쓰지 않고 정의로 정복하고 지배한다. 그런데 그가 만일 출가자가 된다면, 참된 자, 깨달은 자가 되어, 이 세상에 덮인 모든 번뇌를 없애게 될 것이다.'

"그대 케니야여, 그러면 참된 자, 깨달은 자인 고타마는 지금 어디에 있는가?"

수행자 케니야는 오른팔을 들고 바라문 세라에게 말했다.

"이쪽으로 푸른 숲이 있습니다. (그곳에 부처님이 계십니다.)"

그리하여 바라문 세라는 3백 명의 소년들과 함께 스승이 계

---

14 고대 인도에서 전세계를 통일한다고 생각된 이상적인 제왕.

신 곳으로 떠났다. 그때 세라 바라문은 같이 온 이들 젊은 바라문들에게 말했다.

"그대들은 급히 서둘지 말고 조용히 따라오라. 여러 스승은 사자처럼 홀로 걷는 자며, 가까이하기 어렵기 때문이다. 그리고 내가 사문 고타마와 이야기하고 있을 때 그대들은 옆에서 끼여들면 안 된다. 내 이야기가 끝날 때까지는 기다리고 있으라."

이에 바라문 세라는 존귀하신 스승이 계신 곳으로 갔다. 스승께 절하고 나서, 기쁘고 기억할 만한 인사를 나누고 한쪽에 가서 앉았다. 그리고 세라는 스승의 몸에 서른두 가지 위인의 상이 있는가 탐지했다. 이리하여 세라는 두 가지를 제외하고는 서른두 가지 위인의 상이 다 갖추어 있음을 알 수 있었다. 그 두 가지 위인의 상에 대해서는 (과연 그것이 스승에게 있을까) 의심되어 '눈뜬 자'임을 믿을 수 없었다. 이 두 가지란 몸 안에 감추어진 음부〔陰所〕와 혀〔廣長舌〕의 상相이다.

이때 스승은 생각했다.

'이 바라문 세라는 내 몸에 있는 서른두 가지의 위인의 상을 거의 발견했지만, 다만 두 가지 상을 보지 못하기 때문에 몸 안에 감추어진 음부와 혀의 두 가지 상은 그것이 나에게 있을까 하고 의심하며 눈뜬 자임을 믿지 않는구나.'

그래서 스승은 바라문 세라가 몸 안에 감추어져 있는 음부를 볼 수 있도록 신통력을 발휘했다. 그 다음 스승은 혀를 내밀어 두 귓속을 아래 위로 핥고 앞이마를 혀로 핥았다.

이에 바라문 세라는 생각했다.

'도를 닦는 고타마는 서른두 가지 위인의 상을 완전히 갖추고 있지만 불완전한지도 모른다. 그가 과연 부처님인지 아닌지를 아직 알 수가 없다. 다만 나는 나이 많은 스승과 그 스승인 바라문들이, 모든 '존경할 만한 자, 깨달은 자'는 자기가 찬양을 받을 때에는 자기자신을 남에게 나타내 보인다는 말을 들은 적이 있다. 나는 적당한 시를 지어 고타마를 눈앞에서 찬양해 보리라.'

그래서 바라문 세라는 스승 앞에서 시를 지어 찬양했다.

548 "스승이시여, 힘이 넘치는 분이시여, 당신은 몸이 완전하여 눈부시게 빛나며, 태생도 훌륭하고 눈은 보기에도 아름답습니다. 살색은 금빛이고, 이[齒]는 희디흽니다.

549 그리고, 태생이 뛰어난 사람이 갖추고 있는 모습[相]은 모두 당신의 몸에 깃들여 있습니다.

550 그리고 눈이 맑고 얼굴빛이 좋으며 (몸집이) 크고 단정하며, 아름답게 빛나 도를 닦는 자들 속에서 태양처럼 눈부십니다.

551 당신은 얼핏 보아도 훌륭한 수행자로서 그 피부는 황금처럼 빛나고, 용모가 뛰어났으니 무엇 때문에 굳이 도를 닦을 필요가 있습니까?

552 당신은 전륜왕이 되어 병정의 주인으로서 사방을 정복하여 인도의 지배자가 되셔야 합니다.

553 크사트리야 지방의 왕들은 당신에게 충성을 맹세할 것

입니다. 고타마시여, 왕 중의 왕으로서 또한 인류의 제왕으로서 통치하십시오."

554 스승께서 대답하셨다.

"세라여, 나는 왕이지만 최상의 진리의 왕이니라. 진리로서 바퀴[15]를 굴리니라—거꾸로 돌 수 없는 바퀴를."

555 바라문 세라가 말했다.

"당신은 진리를 바로 깨달은 자라고 스스로 말씀하십니다, 고타마여 당신은 '최상의 진리의 왕이며, 법에 따라 바퀴를 돌린다'고 말씀하십니다.

556 그럼, 누가 당신의 장군입니까? 스승의 상속자인 제자는 누구입니까? 이 굴려진 바퀴는 당신 다음에 누가 굴립니까?"

557 스승께서 대답하셨다.

"세라여, 내가 굴린 바퀴는 최상의 법륜으로, 사리붓다舍利弗가 굴리리라. 그는 완전한 자를 따라 세상에 태어났느니라.

558 나는 알아야 할 것을 이미 알았고, 닦아야 할 것을 이미 닦았으며, 끊어야 할 것을 이미 끊었느니라. 그러므로 나는 부처니라, 바라문이여.

559 나에 대한 의혹을 버려라. 바라문이여, 나를 믿으라. 깨달은 자들을 만나보기란 매우 어려운 일이니라.

560 그들(눈뜬 자들)이 가끔 세상에 나타나는 것은 그대들에게는 매우 얻기 어려운 일인데, 나는 바로 그 진리를 올바르

---

15 고대 인도에서 사용한 무기의 일종. 이는 통치권의 상징으로 불림.

게 깨달은 자이니라. 바라문이여, 나는 (번뇌의) 화살을 끊어
버린 최상의 사람이니라.

561 나는 신선한 자며, 비길 데가 없으며, 악마의 세력을 무
찌르고 모든 적을 항복시켜 어떤 것에도 두려움 없이 기쁠 뿐
이니라."

562 세라는 제자들에게 말했다.

"너희들은, 눈뜬 자의 말을 들어보라. 그는 (번뇌의) 화살을
끊은 자며, 위대한 영웅이다. 이는 마치 사자가 숲속에서 포효
하는 것과 같다.

563 신성한 자며 비길 데 없고, 악마의 세력을 무찌른 자를
보고 누가 믿지 않겠느냐. 이는 비록 피부가 검은 종족의 자손
이라 할지라도 (믿을 것이다).

564 따르려고 원하는 자는 나를 따르라. 나를 따르고 싶지
않은 자는 물러가라. 나는 뛰어난 지혜를 가지신 자의 곁으로
출가할 것이다."

565 세라의 제자들이 말했다.

"만일 이 올바른 도를 깨달은 자의 가르침을 스승이 기뻐하
신다면, 저희들도 뛰어난 지혜를 가지신 이의 곁으로 출가하겠
습니다."

566 세라가 말했다.

"이들 삼백 명의 바라문은 합장하고 원합니다. 스승이시여,
저희들은 당신의 곁에서 깨끗한 행을 닦고 싶습니다."

567 스승께서 대답하셨다.

"세라여, 내가 깨끗한 행을 설법했느니라. 이는 곧 눈앞에 과보를 가져오리라. 게으르지 않고 출가하여 꾸준히 올바른 길을 닦는 일은 헛된 일이 아니니라."

바라문 세라는 여러 제자들과 함께 스승 곁으로 출가하여 완전한 계율을 받았다.

때마침 머리를 기른 수행자 케니야는 그날 밤을 새고 자기 암자에서 맛이 좋고 부드러운 음식을 마련해 스승께 때가 왔음을 알렸다.

"고타마시여, 때가 되었습니다. 음식을 마련했습니다."

이에 존귀하신 스승께선 오전중에 내의와 중의를 입고 바리때를 들고, 수행자 케니야의 암자에 이르렀다. 그리고 여러 수행승들과 함께 미리 마련된 자리에 앉으셨다.

수행자 케니야는 부처님을 비롯하여 다른 수행자들에게 손수 맛좋고 부드러운 음식을 나르면서 맘껏 들도록 권했다. 그리고 스승께서 공양을 마치시고 바리때에서 손을 떼시자, 수행자 케니야는 한쪽 낮은 자리에 앉았다. 스승은 수행자 케니야에게 다음과 같은 시를 지어 고마운 뜻을 표하셨다.

568 "불[火]에 대한 공양[16]은 제사 중에서 가장 훌륭한 것이니라. 사비트리는 베다의 시구詩句 중에서 가장 좋은 것이니라. 왕은 인간 중에서 가장 뛰어난 자이니라. 큰바다는 모든 하천

16 바라문교에서 불 속에 곡식이나 버터를 넣어 만든, 신에게 바치는 공물.

河川 중에서 가장 크니라.

569 달은 여러 별 가운데서 으뜸이니라. 태양은 밝히는 것 중에서 으뜸이니라. 수행승은 공덕을 바라고 공양하는 사람 중에서 으뜸이니라."

스승께서 이 시를 지어 수행자 케니야에게 고마운 뜻을 표하고 자리에서 일어나 그곳을 떠났다. 이에 세라는 자기를 따르던 제자들을 떠나 다른 사람들을 멀리하고 홀로 게으르지 않게 꾸준히 정진하여 이윽고—여러 어진 남자들이 그것을 얻기 위해 바로 집을 나와 집 없는 상태에 이르게 되었지만—더 없는 깨끗한 행의 구극을 이 세상에서 스스로 얻는 동시에, 이를 증명하고 구현하여 나날을 보냈다.

'태어나는 일은 끝났다. 깨끗한 행은 이미 이루어졌다. 할일을 다했다. 이제는 다시 이러한 생존을 얻는 일이 없을 것이다' 함을 깨달았다.

이리하여 세라 장로는 성자의 한 사람이 되었다.

그 후 세라 장로는 그의 제자들과 함께 스승이 계신 곳으로 찾아갔다. 그리고 옷을 한쪽 어깨에 걸치고, 스승께 합장하며 다음과 같이 시로 스승에게 여쭈었다.

570 "스승이시여, 눈뜬 자여, 오늘부터 여드레 전에 저희들은 당신에게 귀의하였지만, 이레 밤을 지나 저희들은 당신의 가르침 속에서 안정을 얻게 되었습니다.

571 당신께서는 도를 깨달은 자이십니다. 당신은 스승이십니다. 그리고 악마의 정복자시고 현자이십니다. 당신께서는 번

뇌의 뿌리를 뽑아버리시고, 스스로 건너시며, 또 모든 사람들을 건너게 하셨습니다.

572 당신은 모든 일을 초월하시고, 온갖 더러운 번뇌를 멸하셨습니다. 당신은 집착하지 않는 사자獅子이십니다. 그리고 무서워 떠는 일이 없으십니다.

573 이들 삼백 명의 수행자는 합장하고 서 있습니다. 영웅이시여, 다리를 펴주십시오. 여러 용(수행자)들로 하여금 스승께 경배케 하겠습니다."

8. 화 살[17]

574 이 세상에서 인간의 생명은 정해 있지 않아 언제까지 살지 알 수 없다. 비참하고 짧아 고뇌로 연결되어 있다.

575 태어난 것들은 죽음을 면할 길이 없다. 늙으면 죽음이 온다. 진실로 생명 있는 자의 운명은 이러하다.

576 잘 익은 과일은 빨리 떨어질 우려가 있다. 이와 같이 생명을 가지고 태어난 자들은 죽지 않을 수 없다. 또 그들은 언제나 죽음에 대한 두려움이 있다.

577 이를테면, 도공陶工이 만든 그릇이 결국은 다 깨어지고

---

17 어느 재가 신도가 아들을 잃고 애통한 나머지 7일간이나 음식을 전폐하고 있는 것을 보고 부처님이 불쌍히 여긴 나머지 그의 집에 가서 그의 슬픔을 제거하기 위해 이 설법을 했다 함.

말듯이, 인간의 생명도 그와 같다.

578 젊은이든 장년이든, 어리석은 자든 현자든, 모두 죽음에 굴복하며, 누구나 반드시 죽는다.

579 그들은 죽음에 붙잡혀 저 세상으로 가지만, 아비도 그 자식을 구할 수 없으며, 친족도 그 친족을 구하지 못한다

580 보라, 친족들이 비통한 마음에 잠겨 있지만 한 사람 한 사람 도살장에 끌려가는 소처럼 사라져간다.

581 이처럼 세상사람들은 죽음과 늙음으로 인해 침해를 당하게 마련이다. 그러나 현명한 자는 세상의 참모습을 알고 슬퍼하지 않는다.

582 그대는 온 자의 길을 모르며, 또 간 자의 길도 모른다. 그대는 (삶과 죽음의) 양극을 보지 못하고 헛되이 울고만 있다.

583 미망迷妄에 붙들려 자기를 해치고 있는 자가 눈물과 슬픔에 잠겨 무슨 이득이 있다면 현자도 그렇게 할 것이다.

584 울고 슬퍼한다고 해서 마음의 평안을 얻을 수는 없다. 오직 괴로움만이 더하여 몸만 쇠퇴할 뿐이다.

585 스스로 자신을 해쳐 몸은 여위고 추하게 될 뿐이다. 그렇게 한다고 죽은 자가 어떻게 되지도 않는다. 울고 슬퍼하는 것은 헛된 일이다.

586 우환을 버리지 못하는 자는 점점 더 고뇌를 갖게 마련이다. 죽은 자를 생각하여 흐느껴 우는 것은 우환에 사로잡혀 있기 때문이다.

587 또한 자신의 지은 업으로 인하여 죽어가는 자들을 보라. 그들 생명 있는 자들은 죽음에 사로잡혀 떨고 있지 않은가.

588 사람들이 여러 가지 소망을 갖더라도 결과는 다르게 나타난다. 또 기대에 어긋나는 것도 이와 같다. 세상의 저 모습을 보라.

589 비록 사람이 백 년 혹은 그 이상을 산다 해도 결국 자기 친족들을 떠나, 이 세상의 생명을 버리게 된다.

590 그러므로 존경하는 사람의 말씀을 듣고, 죽은 자를 보았을 때에는, '그는 이미 내 힘이 미치지 못하는 존재다'라고 깨닫고 비통한 생각을 버려라.

591 이를테면, 불난 집을 물로 끄듯, 지혜롭고 총명한 현자들은 우환이 일어나면 그것을 곧 지워버린다, 마치 바람이 솜을 날려버리듯.

592 자기자신의 즐거움을 구하는 자는 비애와 탐욕과 우환을 버려라. (번뇌의) 화살을 뽑아버려라.

593 (번뇌의) 화살을 뽑아버리고, 거리낌없이 마음의 평안을 얻게 되면, 모든 우환을 초월하여 근심 없는 자, 평안으로 돌아간 자가 된다.

9. 바세타

　내가 들으니, 어느 때 존귀하신 스승(부처님)께서 이차낭갈라 숲에 계실 때였다. 재산이 많은 저명한 바라문들이 그 마을에 살고 있었다. 이들은 바라문 창킹, 타루카, 포카라사티, 자눗소니, 토데야와 그 밖의 큰 재산가인 저명한 바라문들이었다.

　그때 바세타와 바라드바자란 두 청년이 (오래 앉아 있었기 때문에 피로를 풀기 위하여 무릎을 펴고) 여기저기 거닐다가 다음과 같은 토론을 하기 시작했다.

　바세타가 말했다.

　"바라문이란 도대체 무슨 뜻인가?"

　바라드바자가 말했다.

　"아버지 쪽이나 어머니 쪽 양쪽 다함께 태생이 올바르고 유서 깊은 순결한 모태에서 7대 조상에 이르기까지 혈통에 아직 흠집이 없으며, 비난받은 일도 없는 사람, 이런 사람을 바라문이라 한다."

　이에 청년 바세타가 말했다.

　"사람들이 계율을 지키고 덕행을 갖추면 이런 사람을 바라문이라 할 수 있다."

　이리하여 바라드바자 청년은 바세타 청년을 설득할 수 없었으며, 바세타도 역시 바라드바자를 설득시킬 수 없었기 때문에 바세타가 말했다.

"바라드바자여, 석가족의 후손인 고타마(부처님)께서는 출가하여 이곳 이차낭갈라 숲속에 살고 있었다. 그 고타마 스승에게는 존경할 만한 자, 눈뜬 자, 밝은 지혜와 원만한 덕행을 갖춘 자, 복된 자, 세상을 아는 자, 가장 위대한 자, 사람들을 화목하게 하는 인도자, 신들과 인간의 스승, 눈이 열린 부처, 거룩한 스승, 이런 훌륭한 명성을 가지고 있다. 바라드바자여, 사문 고타마로 가자. 거기 가서 사문 고타마께 이것을 여쭤보자. 우리는 사문 고타마의 분명한 대답에 따라 그것을 그대로 따름이 좋을 것이다."

"좋다, 그러자." 이에 바라드바자가 대답했다.

이리하여 바세타와 바라드바자 두 청년은 존귀하신 스승님이 계신 곳으로 찾아갔다. 스승께 절하고 나서 기쁘고도 기억에 남을 만한 인사를 나누고 한쪽에 가서 앉았다. 바라문 바세타가 시로 스승에게 여쭈었다.

594 "저희 두 사람은 세 베다의 학자라고 (스승께서도) 인정하고 있으며, 스스로도 그렇게 생각하고 있습니다. 저는 포카라사티의 제자고, 이 사람은 타루카의 제자입니다.

595 세 베다에 쓰여 있는 것은 다 알고 있습니다. 저희들은 베다의 어구語句와 문법에 정통하며 베다의 낭송은 스승과도 대등합니다.

596 고타마시여, 저희는 태생에 대하여 논쟁하였습니다. 바라드바자는 '혈통에 따라 바라문이 된다'고 주장하는 반면, 저는 '행위에 의해 바라문이 된다'고 주장하였습니다. 바른 눈을

가지신 이여, 이를 풀어주십시오.

597 저희 두 사람은 서로 상대방을 설득시킬 수 없습니다. 눈뜬 자로 널리 알려진 스승께 여쭙고 싶어 여기 왔습니다.

598 사람들이 둥근달을 향해 가까이 가 합장하고 경배하듯, 세상사람들은 고타마를 존경하고 경배합니다.

599 '세상의 눈'으로 나타나신 고타마께 우리는 여쭙겠습니다. 혈통에 따라 바라문이 됩니까? 아니면 행위에 의해 바라문이 됩니까? 알지 못하는 저희들에게 말씀해 주십시오, 바라문이 무엇인지 알 수 있도록."

600 스승께서 대답하셨다.

"바세타여, 그대들을 위해 갖가지 생물들의 태생에 따른 구별을 차례대로 설명하리라. 그들의 태생이 여러 가지로 다르기 때문이다.

601 풀이나 나무에도 종류에 따라 구별이 있음을 알라. 그들은 '우리는 풀이다' '우리는 나무다' 하고 주장하지 않는다. 그 특징은 그들의 태생에 따라 생긴다. 이는 그 태생이 여러 가지로 다르기 때문이다.

602 구더기나 귀뚜라미, 개미에 이르기까지 벌레에도 (그 종류에 따라 구별이) 있음을 알라. 그 특징은 그들의 태생에 따라 생긴다. 이는 그 태생이 여러 가지로 다르기 때문이다.

603 작은 것이든 큰 것이든 네 발의 짐승에도 (종류에 따라 구별이) 있음을 알라. 그 특징은 그들의 태생에 따라 생긴다. 이는 그 태생이 여러 가지로 다르기 때문이다.

604 등이 길고 배로 땅 위를 기어다니는 것〔뱀〕에도 (종류에 따라 구별이) 있음을 알라. 그 특징은 그들의 태생에 따라 생긴다. 이는 그 태생이 여러 가지로 다르기 때문이다.

605 물속에서 나서 물속에서 사는 물고기에도 (종류에 따라 구별이) 있음을 알라. 그 특징은 그들의 태생에 따라 생긴다. 이는 그 태생이 여러 가지로 다르기 때문이다.

606 공중을 날아다니는 새들에도 (종류에 따라 구별이) 있음을 알라. 그 특징은 그들의 태생에 따라 생긴다. 이는 그 태생이 여러 가지로 다르기 때문이다.

607 이처럼 생물에 있어서는 태생에 따라 여러 가지 특징이 있지만, 인간에게는 태생에 따라 특징이 여러 가지로 다르다고 할 수 없다.

608 머리나 머리칼, 귀나 눈, 입이나 코, 입술이나 눈썹에 대해서도,

609 목이나 어깨, 배나 등, 엉덩이나 가슴, 음부나 성교에 대해서도,

610 손이나 발, 손가락이나 손톱, 종아리나 무릎, 얼굴이나 음성에 대해서도 다른 생물들처럼 태생에 따라 생기는 (특징의) 구별이 (인간에게는) 없다.

611 몸을 받은 생물 사이에는 각각 구별이 있지만, 인간에게는 이러한 구별이 없다. 인간에게서 구별이 나타나는 것은 오직 그 명칭뿐이다.

612 인간 중에서 소를 길러서 생활하는 자가 있다면, 그는

농부이지 바라문이 아님을 알라, 바세타여.

613 인간 중에서 갖가지 기능으로 생활하는 자가 있다면, 그는 공인工人이지 바라문이 아님을 알라, 바세타여.

614 인간 중에서 매매를 하여 생활하는 자가 있다면, 그는 상인이지 바라문이 아님을 알라, 바세타여.

615 인간 중에서 남에게 고용되어 생활하는 자가 있다면, 그는 고용인이지 바라문이 아님을 알라, 바세타여.

616 인간 중에서 주지 않은 것을 가지고 생활하는 자가 있다면 그는 도적이지 바라문이 아님을 알라, 바세타여.

617 인간 중에서 무술로 생활하는 자가 있다면, 그는 무사이지 바라문이 아님을 알라, 바세타여.

618 인간 중에서 사제직으로 생활하는 자가 있다면, 그는 제관이지 바라문이 아님을 알라, 바세타여.

619 인간 중에서 고을이나 나라를 차지한 자가 있다면, 그는 왕이지 바라문이 아님을 알라, 바세타여.

620 우리는 (바라문인 여자의) 태에서 생겨나고 또 그 (바라문의) 어머니로부터 태어난 자도 바라문이라 하지 않는다. 그는 '그대여,[18] 라고 불리는 자'로 부른다. 그는 어떤 소유물에 사로잡혀 있다. 아무것도 갖지 않고 집착이 없는 자—나는 그를 바라문이라 부른다.

621 모든 속박을 끊고 두려움을 모르며, 일체의 집착을 초월하여 사로잡히지 않은 자—나는 그를 바라문이라 부른다.

18 바라문은 서로 다른 사람을 지칭할 때 '그대여(bho)'라고 함.

622 가죽 끈과 밧줄과 올가미를 끊어버리고, 장애를 없앤 눈뜬 자—나는 그를 바라문이라 부른다.

623 죄 없이 남에게 욕 먹으며, 매 맞고 결박당하는 것을 참고 견디며, 마음이 용감한 자—나는 그를 바라문이라 부른다.

624 화내는 일이 없고, 도덕을 지키며, 계율을 받들고 욕심을 부리는 일 없이, 몸을 수양하여 최후의 육신에 도달한 자—나는 그를 바라문이라 부른다.

625 연잎의 이슬처럼, 송곳 끝의 겨자[芥子]씨처럼, 갖가지 욕정에 더럽혀지지 않는 자—나는 그를 바라문이라 부른다.

626 이 세상에서 이미 자기의 고뇌가 멸했음을 알며, 무거운 짐을 내리고 사로잡히는 일이 없는 자—나는 그를 바라문이라 부른다.

627 지혜가 깊고 총명하며, 온갖 도에 통달하여 최고의 목적에 도달한 자—나는 그를 바라문이라 부른다.

628 재가자나 출가자의 어느 누구와도 어울리지 않고, 집없이 편력하며, 욕심이 적은 자—나는 그를 바라문이라 부른다.

629 강하거나 약한 어떤 생물에게도 폭력을 쓰지 않고, 죽이지도 않고, 죽게 하지도 않는 자—나는 그를 바라문이라 부른다.

630 적의를 갖고 있는 자들 속에서도 적의를 품지 않고, 폭력을 사용하는 자들 속에서도 마음이 온유하며, 집착하는 자들 속에서도 집착하지 않는 자—나는 그를 바라문이라 부른다.

631 겨자씨가 송곳 끝에서 떨어지듯, 애착과 증오와 거만과

은폐를 제거한 자—나는 그를 바라문이라 부른다.

632 난폭하지 않고, 말을 전하는 데 진실함, 말로써 남의 감정을 상하게 하지 않는 자—나는 그를 바라문이라 부른다.

633 이 세상에서 길고 짧거나, 가늘거나 굵고, 깨끗하거나 더러운 것을 막론하고, 주지 않는 것은 가지려 하지 않는 자—나는 그를 바라문이라 부른다.

634 이 세상도 저 세상도 바라지 않으며, 욕구도 걸림도 없는 자—나는 그를 바라문이라 부른다.

635 무엇에도 매이는 일 없이 일체를 깨달아, 의혹에서 벗어나 결코 죽는 일이 없는 경지에 도달한 자—나는 그를 바라문이라 부른다.

636 이 세상의 화와 복, 그 어느 것에도 사로잡히지 않으며, 근심 걱정이 없고 더러움에 물들지 않은 깨끗한 자—나는 그를 바라문이라 부른다.

637 구름에 가리지 않은 달처럼, 맑고 깨끗하여 흐려 있지 않으며, 환락의 생활을 버린 자—나는 그를 바라문이라 부른다.

638 이 힘들고 험난한 길과 윤회와 미망을 떠나, 거센 물결을 건너 피안에 도달하고 정신을 안정시켜 욕심과 의혹과 집착함이 없이 마음이 편안한 자—나는 그를 바라문이라 부른다.

639 이 세상에서 욕망을 버리고, 출가하여 편력하며 탐욕에 젖은 생활을 버린 자—나는 그를 바라문이라 부른다.

640 이 세상에서 애착을 끊고, 출가하여 편력하며, 애착에

젖은 생활을 버린 자—나는 그를 바라문이라 부른다.

641 인간의 굴레를 버리고 하늘의 굴레도 벗어나 모든 굴레에서 떠난 자—나는 그를 바라문이라 부른다.

642 쾌락이나 쾌락이 아닌 것도 버리고 깨끗하고 맑아져 사로잡히는 일 없이 온 세계를 이긴 영웅—나는 그를 바라문이라 부른다.

643 살아 있는 모든 것들의 생사를 알고 집착함이 없는 복된 자, 깨달은 자—나는 그를 바라문이라 부른다.

644 신들이나 귀신(간다르바)이나 인간도 그의 행방을 알 수 없는 사람, 번뇌의 때를 씻어버린 자—나는 그를 바라문이라 부른다.

645 앞이든 뒤든 중간[19]이든, 가진 것 하나 없고 집착하지 않는 자—나는 그를 바라문이라 부른다.

646 황소처럼 씩씩하고 기품 있으며, 영웅 · 대선인 · 승리자 · 욕심이 없는 자 · 때를 씻어버린 자 · 깨달은 자—나는 그를 바라문이라 부른다.

647 전생을 알고, 천국과 지옥을 보며, 생존을 멸해 버린 자—나는 그를 바라문이라 부른다.

648 이 세상에서 부르는 이름이나 성은 통칭에 지나지 않으며, (사람이 태어났을 때) 그때마다 임시로 붙여 전해지는 것이다.

649 (성명이 임시로 붙여진 것을) 모르는 자들은 그릇된 선

---

19 과거 · 미래 · 현재.

입관을 오랫동안 갖게 된다. 알지 못하는 사람들은 말한다. '태
생에 따라 바라문이 된다'고.

650 태생에 따라 바라문이 되는 것이 아니다. 또 태생에 따
라 바라문이 안 되는 것도 아니다. 행위에 따라 바라문이 되기
도 하고 행위에 따라 바라문이 안 되기도 한다.

651 행위에 따라 농부가 되고 행위에 따라 공인工人이 된다.
행위에 따라 상인이 되며 행위에 따라 고용인이 된다.

652 행위에 따라 도적이 되고 행위에 따라 무사가 된다. 행
위에 따라 제관이 되고 행위에 따라 왕이 된다.

653 현자는 이렇게 행위를 있는 그대로 본다. 그는 그 근원
을 보는 자며, 행위(業)와 그 과보를 잘 알고 있다.

654 세상은 행위로 인해 존재하며 사람들도 행위로 인해 존
재한다. 살아 있는 모든 것들은 업(행위)에 매여 있다, 마치 굴
러가는 수레가 축軸에 연결되어 있듯이.

655 고행과 청정한 행과 감관의 억제와 자제—이것으로 바
라문이 된다. 이것이 가장 훌륭한 바라문이다.

656 세 베다[20]를 갖추고 마음이 평안하여 다시는 이 세상에
태어나는 일이 없는, 모든 것을 아는 자, 이들이 범천이요 제석
[21]이다. 바세트여, 이런 줄을 알라."

이와 같은 말씀을 듣고 바세트와 바라드바자는 스승을 향해

---

20 불교 이전에는 세 베다를 의미하지만, 불교에서는 자신이나 다른 사람의 미
    래 세계의 생사를 아는 천안(天眼), 과거를 아는 존명(存明), 현세의 고뇌를
    알고 일체 그 고뇌를 떠난 누진(漏盡)의 삼명통(三明通)[明知]을 뜻함.

21 당시 인도인이 숭앙하던 최고의 신들.

말했다.

"놀랍습니다. 고타마시여, 마치 쓰러진 자를 일으키듯, 덮인 것을 벗기듯, 길 잃은 자에게 길을 가리켜주듯, 그리고 '눈뜬 자는 빛을 보리라' 하고 어둠 속에서 등불을 비춰주듯, 당신 고타마께서는 갖가지 방법으로 진리를 밝히셨습니다. 이제 저희들은 고타마와 진리와 수행승의 모임에 귀의하겠습니다. 고타마께서는 오늘부터 목숨이 다할 때까지 저희들을 재가의 신도로 받아주십시오."

10. 코칼리야

내가 들으니, 어느 때 존귀하신 스승(부처님)께서 사바티의 제타숲속 고독한 자들에게 음식을 나눠주는 장자의 동산에 계실 때였다. 수행승 코칼리야가 스승이 계시는 곳으로 갔다. 스승께 인사를 하고 한쪽에 앉았다. 수행승 코칼리야는 스승께 말했다.

"존귀하신 스승이시여, 사리푸타와 목가라나는 사악邪惡한 생각을 갖고 있으며, 나쁜 욕심에 사로잡혀 있습니다."

이 말을 듣고 스승(부처님)께서 수행승 코칼리야에게 말씀하셨다.

"코칼리야여, 그렇게 말하지 마라. 사리푸타와 목가라나를 믿고 사랑하라. 사리푸타와 목가라나는 선량한 사람들이다."

이에 수행승 코칼리야는 다시 스승에게 말했다.

"존귀하신 스승이시여, 저는 스승님을 믿고 의지하고 있습니다마는 사리푸타와 목가라나는 사악한 생각을 갖고 있으며, 나쁜 욕심에 사로잡혀 있습니다."

스승께서는 다시 수행승 코칼리야에게 말씀하셨다.

"코칼리야여, 그렇게 말하지 마라. 사리푸타와 목가라나를 믿고 사랑하라. 사리푸타와 목가라나는 선량한 사람들이다."

이에 수행승 코칼리야는 세번째 다시 스승에게 말했다.

"존귀하신 스승이시여, 저는 스승님을 믿고 있습니다만 사리푸타와 목가라나는 사악한 생각을 갖고 있으며, 나쁜 욕심에 사로잡혀 있습니다."

스승께서는 세번째 다시 코칼리야에게 말씀하셨다.

"코칼리야여, 그렇게 말하지 마라. 사리푸타와 목가라나를 믿고 사랑하라. 사리푸타와 목가라나는 선량한 사람들이다."

이에 수행승 코칼리야는 자리에서 일어나, 스승에게 배례하고 오른쪽으로 돌아 나가버렸다. 수행승 코칼리야가 나가자 곧 온몸에 겨자씨만한 부스럼이 돋아났다.

처음에는 겨자씨만하던 것이 점점 커져 녹두알만해졌다. 녹두알만하던 것이 다시 콩알만해졌다. 콩알만하던 것이 다시 대추씨만해졌다. 대추씨만하던 것이 대추만해졌다. 대추만하던 것이 감자만해졌다. 그리고 다시 감자만하던 것이 어린 모과만해졌다. 어린 모과만하던 것이 다 익은 모과만해졌다. 다 익은 모과만하던 것이 드디어는 터져서 고름과 피가 쏟아져나왔다.

수행승 코칼리야는 결국 그 병 때문에 죽었다. 수행승 코칼리야는 사리푸타와 목가라나에게 적의를 가졌기 때문에 죽어서는 홍련紅蓮지옥에 태어났다.

그때 사바세계의 주인인 범천은 자정이 지났을 무렵, 화려한 모습을 하고 제타숲을 샅샅이 밝히며 스승이 계신 곳에 이르렀다. 그리고 스승께 인사를 하고 나서 한쪽에 섰다. 그리고 사바세계의 주인인 범천은 스승에게 말했다.

"존귀하신 스승이시여, 수행승 코칼리야는 죽었습니다. 존귀하신 스승이시여, 수행승 코칼리야는 사리푸타와 목가라나에게 적의를 가졌기 때문에 죽어서 홍련지옥에 태어났습니다."

사바세계의 주인인 범천은 이렇게 말했다. 그리고, 말을 마치고 스승께 절하고 오른쪽으로 돌아 자리에서 사라졌다.

그리하여, 스승께서는 날이 밝자 여러 수행승들에게 말씀하시기를,

"여러 수행승들이여, 어젯밤 사바세계의 주인인 범천이 자정이 지났을 무렵, 화려한 모습을 하고 제타숲을 샅샅이 밝히며, 내가 있는 곳에 이르렀다. 나에게 인사를 하고 한쪽에 섰다. 그리고 사바세계의 주인인 범천은 내게 말했다. '존귀하신 스승이시여, 수행승 코칼리야는 죽었습니다. 그는 사리푸타와 목가라나에게 적의를 가졌기 때문에 죽어서 홍련지옥에 태어났습니다.' 이렇게 말하고 나서 나에게 절하고 오른쪽으로 돌아 그 자리에서 사라졌다."

이 이야기를 듣고 한 수행승이 스승에게 말했다.

"존귀하신 스승이시여, 홍련지옥에서의 수명은 얼마나 됩니까?"

"수행승이여, 홍련지옥에서의 수명은 길다. 이를 몇백 년, 몇천 년, 몇십만 년이라고 그 수를 헤아리기가 어려우니라."

"존귀하신 스승이시여, 그러나 비유로 설명하실 수 있지 않습니까?"

"수행승이여, 그렇게는 말할 수 있다."

하고 스승께서 말씀하셨다.

"예컨대 수행승이여, 코살라의 말〔斗〕로 되어서 스무 카알리카의 깨〔胡〕(한 수레분)가 있는데 그것을 꺼낸다고 할 때 한 사람이 백 년 걸려 한 알을 꺼낸다고 하자. 수행승이여, 이런 방법으로 그 스무 카알리카를 다 꺼낸다고 할지라도 한 앗부다지옥도 끝나지 않는다. 수행승이여, 그런데 스무 앗부다지옥은 한 니랏부다지옥과 같다. 수행승이여, 그리고 스무 니랏부다지옥은 한 아바바지옥과 같다. 수행승이여, 그리고 스무 아바바지옥은 한 아하하지옥과 같다. 수행승이여, 스무 아하하지옥은 한 아타타지옥과 같다. 수행승이여, 스무 아타타지옥은 한 황련지옥과 같다. 그리고 스무 황련지옥은 한 백수련지옥과 같다. 수행승이여, 스무 백수련지옥은 한 청련지옥과 같다. 수행승이여, 스무 청련지옥은 한 백련지옥과 같다. 수행승이여, 스무 백련지옥은 한 홍련지옥과 같다. 그런데 수행승이여, 수행승 코칼리야는 사리푸타와 목가라나에게 적의를 가졌기 때문에 홍련지옥에 태어난 것이다."

스승께서 이렇게 말씀하셨다. 행복한 자인 스승께서는 이렇게 말씀하신 뒤 다시 다음과 같이 설법하셨다.

657 사람이 태어날 때에는 그 입 안에 도끼를 가지고 나온다. 어리석은 자는 더러운 말을 함으로써 그 도끼로 자기 자신을 찍는다.

658 비방받을 자를 찬양하고, 찬양해야 할 자는 비방하는 자―그는 입으로 죄를 거듭하여, 그 때문에 즐거움을 누리지 못한다.

659 도박으로 재산을 잃는 자는 비록 자기자신을 포함하여 모든 것을 잃는다 할지라도, 그 불행은 대단할 것이 없다. 그러나 완전한 경지에 도달한 자들에 대하여 악의를 품는 죄는 실로 무거운 것이다.

660 악의를 가지고 더러운 말로 성자를 비방하는 자는 십만하고도 서른여섯의 니랏부다지옥과 다섯 앗부다지옥에 떨어진다.

661 거짓말을 하는 자는 지옥에 떨어진다. 또한 실제로 하고도 '나는 하지 않았다'고 말하는 자도 같다. 이들은 다 비열한 행위자로서, 죽은 뒤에는 같은 내세를 더듬게(지옥에 떨어지게) 된다.

662 마음이 깨끗하여 남을 해치려 하지 않는 때묻지 않은 자를 미워하는 어리석은 자에게는 반드시 그러한 악이 되돌아온다. 이는 바람을 거슬러 먼지를 날리는 것과 같다.

663 갖가지 탐욕을 일삼으며, 신앙심이 없고 인색하며, 불

친절하고 이기적이며, 이간질하는 말을 일삼는 자는 말로써 남을 때린다.

664 입버릇이 나쁘고 성실치 못한 천한 자여, 생명 있는 것을 죽이고 사악하여 악행을 일삼는 자여, 야비하고 불량하며 덜된 자여, 이 세상에서 너무 입만 놀리지 마라. 이런 자들은 지옥에 떨어진다.

665 그런 자들은 사방에 먼지를 뿌려 해를 불러들이고, 어진 사람들을 비난하여 죄를 지으며, 악한 일을 많이 하여 오랫동안 깊은 구렁(지옥)에 떨어질 것이다.

666 어떤 업도 멸하는 일이 없다. 그것은 반드시 되돌아와 (그 업을 이룬) 그 임자가 받게 마련이다. 어리석은 자는 죄를 짓고 내세에서 그 고통의 과보를 받는다.

667 (지옥에 떨어진 자는) 쇠송곳에 꿰이고, 날카로운 칼이 달린 철창에 찔리게 마련이다. 또한 벌겋게 단 쇳덩이를 (일찍이 지은 업에 해당된) 음식으로 받아야 된다.

668 (지옥에 있는 옥졸들은 '잡아라' '때려라' 할 뿐) 부드러운 말도 해주지 않으며, 상냥한 얼굴로 대해 주지도 않고 의지가 되어주지도 않는다. (지옥에 떨어진 자들은) 누구나 활활 타오르는 무서운 숯불 위에 앉아 화염 속으로 들어가게 마련이다.

669 또한 거기서는 (지옥에 있는 나졸들이) 철사로 만든 그물로 (지옥에 떨어진 자들을) 사로잡아 쇠망치로 사정 없이 때린다. 그리하여 이윽고 깜깜한 암흑 속에 이르는데 이 암흑

은 안개처럼 끝없이 퍼져 있다.

670 다음에는 (지옥에 떨어진 자들은) 불이 타오르는 구리로 만든 가마솥에 들어간다. 그 끓는 가마솥에서 익혀지면서 가라앉았다떴다하게 된다.

671 고름이나 피가 뒤섞인 가마솥이 있어, 죄를 범한 자는 그 속에서 삶아지게 마련이다. 이들은 그 가마솥에서 어디로 가든 (고름과 피에) 뒤범벅되어 더럽혀지게 된다.

672 다음에 또 구더기가 우글거리는 물가마가 있어 죄를 범한 자는 그 속에서 삶아지게 마련이다. 나오려고 버둥거리거나 손을 휘저어도 붙잡을 데가 없다. 이는 그 가마의 위가 안쪽으로 휘어져 둘레가 모두 한결같기 때문이다.

673 또 날카로운 칼날이 수북하여 (지옥에 떨어진 자들이) 그 속에 들어가면 팔다리가 잘린다. (지옥의 나졸들은) 쇠꼬챙이로 혀를 꿰어 잡아당기며 고통을 준다.

674 그리고 (지옥에 떨어진 자들은) 예리한 면도날이 있는 베타라니강에 이르게 된다. 어리석은 무리들은 나쁜 일을 하고 죄를 범함으로써 그곳으로 떨어진다.

675 거기에는 검정개와 얼룩개, 검은 까마귀 떼와 들여우들이 있어서, 울부짖는 그들을 악착같이 뜯어먹는다. 독수리나 검은 새들도 살을 쪼아먹는다.

676 죄를 범한 자가 받게 되는 이 지옥살이는 참으로 비참하다. 그러므로 누구나 이 세상에서 삶을 누리고 있는 동안 모쪼록 마땅히 해야 할 일을 할 것이며 결코 소홀히 해서는 안 된

다.

677 홍련지옥에 떨어진 자의 수명은 수레에 가득 실은 깨알 만큼 된다고, 여러 지혜로운 자들은 헤아렸다. 그것은 즉, 그 햇수는 오조伍兆년 하고도 오천만 년이나 된다.

678 여기서 말하는 지옥의 괴로움은 아무리 오래 계속된다 할지라도 이 기간은 지옥에 머물러 있어야 한다. 그러므로 누구나 깨끗하고 어질고 착한 미덕을 위해 항상 그 말과 마음을 가다듬어야 한다.

11. 나라카

머리말

679 언제나 즐거우며 깨끗한 옷을 입고 있는 삼십 명의 신들[22]이 옷깃을 잡고 경건한 마음으로 제석천帝釋天을 극히 찬양하는 것을 아시타 선인仙人이 한낮의 휴식때 보았다.

680 기뻐서 춤추는 신들을 보고 선인이 공손히 물었다.

"신들이 무리를 지어 기쁨이 넘친 얼굴을 하고 있는 것은 무슨 까닭입니까? 왜 당신들은 옷을 벗어 흔들고 있습니까?

681 비록 아수라(asura)[23]와 싸워 이겨서 아수라를 지게 하

---

22 보통 불전에선 33천 도리천(濟利天)을 말함.

23 신들의 적. 때때로 신들과 싸움.

였다 할지라도, 이처럼 몸의 털을 세워 흔들만큼 기뻐할 수 없을 터인데, 무슨 희귀한 일을 보았기에 그렇게도 기뻐합니까?

682 그들은 소리치고 노래하며, 악기를 연주하고 손뼉을 치며, 춤을 춥니다. 나는 수미산 꼭대기에 살고 있는 당신들에게 묻습니다. 존귀하신 이여, 저의 궁금증을 어서 풀어주십시오."

683 신들이 대답했다.

"비할 데 없이 신묘한 보물인 저 보디사타(菩薩=미래불)가 만민의 이익과 안락을 위해 인간세계에 태어났습니다―석가족의 마을인 룸비니의 부락에. 그리하여 우리는 만족해하고 기뻐 어쩔 줄을 모르고 있습니다.

684 살아 있는 생명 있는 자 중에서 가장 뛰어난 자, 가장 고귀한 자, 황소 같은 자, 생명 있는 자 중에서 가장 높은 자(부처님)는 이윽고(선인들이 모이는 곳이라는) 이름난 숲속에서 법륜法輪을 굴릴 것입니다. 용감한 사자가 뭇 짐승〔百獸〕들을 이기고 포효하듯."

685 선인은 (신들의) 이 말을 듣고 급히 (인간세계로) 내려왔다. 그리고 숫도다나왕(Suddhodana)[24]의 궁전 가까이 가서 앉아, 석가족에게 이렇게 말했다.

"왕자는 어디 있습니까? 나도 찾아뵙고 싶습니다."

686 이에 여러 석가족들은, 용광로에서 솜씨 있는 금세공金細工이 다듬은 황금처럼 행복에 빛나는 존귀한 얼굴을 가진 어린아이를 아시타(선인)에게 보였다.

---

24 한역불전(漢譯佛典)에선 정반왕(淨飯王)이라 번역함. 석가의 아버지 이름.

687 타오르는 불꽃같이 빛나고, 하늘을 지나가는 달처럼 맑으며, 구름에서 벗어난 가을 태양같이 빛나는 어린아이를 보고 선인은 환희에 넘쳐 그 기쁨에 어쩔 줄을 몰라했다.

688 신들은 살이 천 개나 되는 양산을 공중에 폈다. 황금 손잡이가 달린 부채를 아래위로 부쳤다. 양산이나 부채를 손에 든 자는 찾아볼 수 없었다.

689 캉하시리(아시타)라는 머리를 묶은〔結髮〕 선인은 머리 위에 흰 양산을 받치고 붉은 모포 속에 있는 황금 패물 같은 어린아이를 보고 기뻐서 가슴에 안았다.

690 관상과 베다에 정통한 그는 석가족의 황소 같은 (훌륭한) 어린아이를 껴안고 그 (독특한) 용모를 살펴보더니 기쁨을 참지 못하여 환성을 질렀다.

"이 어린아이는 위 없는 사람, 인간 중에서 가장 높으신 자다."

691 그러더니 선인은 자기의 얼마 남지 않은 앞날을 생각하고 말 없이 눈물을 흘리는 것이었다. 선인이 우는 것을 보고 석가족이 말했다.

"우리 왕자에게 무슨 장애라도 있습니까?"

692 석가족이 이렇게 두려워하는 빛을 보이자 선인이 말했다.

"나는 왕자에게 불길한 상이 있다고 생각하지 않으며, 그에게 상서롭지 못한 일은 없습니다. 이 아이는 범상치 않습니다. 주의해서 잘 기르십시오.

693 이 왕자는 깨달음의 극에 이를 것입니다. 이 아이는 가장 으뜸가는 청정[25]을 보고, 많은 사람들에게 이익을 주고, 불쌍히 여겨 법륜을 굴리게 될 것입니다. 그의 깨끗한 행은 널리 세상에 퍼질 것입니다.

694 그러나 이 세상에서 내 여생은 얼마 남지 않았습니다. 도중에 나에게 죽음이 방문할 것입니다. 나는 이 비할 데 없는 큰 힘을 가진 자의 가르침을 들을 수 없을 것입니다. 그래서 괴롭고 비탄에 빠져 슬퍼하는 것입니다."

695 이리하여 그 순결한 수행자(아시타 선인)는 석가족들을 크게 기쁘게 하고 궁으로부터 떠났다. 그리고 그는 자기의 조카(나라카)를 불러, 그 비할 데 없는 큰 힘을 가진 자의 설법에 따르도록 전유해 말했다—

696 "만일 네가 나중에 '눈뜬 자가 깨달음을 펴고 진리의 길을 간다'는 말을 듣거든 그때 그곳으로 가서 그분의 가르침을 따라 그 스승에게서 깨끗한 행을 닦아라."

697 남을 위해 걱정하고, 앞날에 있어서의 최상의 청정(열반)을 미리 내다본 그 성자의 가르침대로 온갖 착한 근본을 쌓은 나라카는 아시타 선인이 말한 위대한 승자(부처님)를 기다리면서 자기자신의 감관을 지키며 살아갔다.

698 드디어 위대한 승자가 법륜을 굴린다는 소문을 듣게 되자, 아시타(선인)의 예언이 실현되었을 때, 그는 가장 뛰어난 선인(부처님)을 찾아보고 기뻐하며 그 거룩한 성자에게 성스

25 니르바나, 즉 열반을 뜻함.

러운 행위에 대하여 가르침을 물었다.

―머리말의 시구는 이상으로 끝났다.

699 나라카가 말했다

"아시타가 한 말을 저는 분명히 알겠습니다. 그러하오니 고타마시여, 일체의 사물에 통달하신 당신에게 묻겠습니다.

700 저는 출가한 몸으로, 탁발의 행을 쌓으려 하오니 저에게 말씀해 주십시오. 성자여, 성스러운 행위와 최상의 도에 대하여 말씀해 주십시오."

701 스승께서 말씀하셨다.

"나는 그대에게 성스러운 행을 가르쳐주리라. 이것은 행하기 어렵고, 이루기 어려우니라. 내 그대를 위해 이를 말하리라. 그러니 의연하고 마음을 굳게 하라.

702 마을에 가서는, 욕설을 듣거나 존경을 받거나 똑같은 태도를 취하라. (욕설을 들어도) 화내지 말며, (존경을 받아도) 냉정하고 우쭐거리지 마라.

703 비록 동산의 숲속에 있어도 불꽃 같은 갖가지 정념情念이 일어난다. 때때로 부녀자가 성자도 유혹한다. 부녀자로 하여금 유혹케 하지 마라.

704 성性관계에서 멀리하며, 갖가지 욕망을 버리고, 약하고 강한 모든 생명 있는 것에 대하여 적대하지 말고 애착도 느끼지 마라.

705 '그들도 나와 같고, 나도 그들과 같다'고 생각하고, 생명 있는 것을 죽여서는 안 되며 또 타인으로 하여금 죽이게 해

서도 안 된다.

706 평범한 자들이 사로잡히는 욕망과 집념에서 떠나, 올바른 눈을 가진 자는 참된 길을 걸어가라. 그리하여 지옥에서 벗어나라.

707 배를 줄이고 음식을 절제하여 탐내는 일이 없도록 하라. 욕망을 버리면 마음이 평안을 얻는다.

708 성자는 탁발을 위해 돌아다닌 후, 숲으로 돌아와 나무 아래에 앉아야 한다.

709 또한 성자는 마음의 안정을 누리는 데 마음을 다하여 숲속에서 즐기고 나무 아래서 명상에 잠겨 스스로 만족해야 한다.

710 날이 밝으면, 마을을 찾아가라. 신들로부터 초대를 받거나 마을 사람들이 음식을 준다 해도 결코 기뻐해서는 안 된다.

711 성자는, 마을에 이르러 급하게 집집을 찾아다녀서는 안된다. 침묵을 지키고, 음식을 구한다는 말을 하지 마라.

712 '(음식을) 얻어서 잘됐다' '얻지 못한 것도 또한 잘된 일이다' 생각하고 완전한 자는 그 어느 경우에도 태연한 마음으로 돌아와야 한다. 마치 (과일을 구하려고) 과일나무 밑에 간 자가 (과일을 얻거나 얻지 못해도) 태연히 돌아오듯이.

713 그는 바리때를 손에 들고 돌아다니며, 벙어리는 아니지만 벙어리로 생각할지도 모른다. 그리고 주는 것이 적다고 야속하게 생각해도 안 된다. 주는 이를 멸시해서는 더욱 안 된다.

714 사문(부처님)께서는 높고 낮은 갖가지 도를 설법하셨다. 그는 다시 피안에 이르는 일이 없지만, 단번에 피안에 이르는 일도 없다.

715 (윤회의) 흐름을 끊어버린 수행승에게는 집착이 존재하지 않는다. 해야 할 것[선]과 해서는 안 될 것[악]도 다 버렸기 때문에 번뇌가 존재하지 않는다."

716 스승께서 계속해서 말씀하시길,

"나는 그대에게 성자의 길을 말하리라. (음식을 얻을 때에는) 면도날²⁶의 비유로써 하라. 혀로 윗입술을 누르고 배에 들어갈 음식을 절제하라.

717 마음이 침체되어서는 안 된다. 또한 쓸데없이 많은 것을 생각해서도 안 된다. 버린 것이 없고 걸림이 없는 깨끗한 행을 구극의 근거로 삼으라.

718 혼자 앉아 있는 일과 도인을 섬기는 것을 배우라. 성자의 길은 혼자 있는 데서 시작된다고 할 수 있다. 혼자 있으면서 즐거울 수 있어야 한다.

719 이렇게 하면 시방十方에 빛나리라. 그러니 욕망을 버리고 명상에 잠겨 있는 여러 현자의 명성을 들으면, 내 제자들은 부끄러움을 느끼고 믿음이 더욱 일어나리라.

720 이 일을 깊은 늪과 얕은 개울물의 비유로 알라. 얕은 개울물은 소리를 내며 흐르지만 큰 강물은 소리 없이 흐르는 법

---

26 면도날에 묻은 꿀을 핥을 때에는 혀가 베이지 않도록 조심하라는 말. 즉 시주받은 물건을 쓸 때에는 번뇌의 때가 묻지 않도록 주의하라는 뜻.

이다.

721 모자라는 것은 소리를 내지만, 가득한 것은 조용하다. 어리석은 자는 물이 절반쯤 든 병과 같으며, 현명한 자는 물이 가득 찬 연못과 같다.

722 도인(사문)이 뜻 깊은 말을 많이 하는 것은 스스로 알고 그렇게 설법하기 때문이다. 스스로 알고서 많은 것을 말하기 때문이다.

723 그러나 스스로 알고 자기를 억제하여, 여러 말을 하지 않는다면 그는 성자로서의 행에 맞다. 그런 자는 성자의 행을 체득한 것이다."

12. 두 가지 관찰

내가 들으니, 어느 때 부처님께서 사바티의 동산에 있는 미가라 장자長者의 어머니가 사는 누각에 계실 때였다. 그때 존귀하신 스승(부처님)께서는 정기적인 집회[布薩]가 있는 달 밝은 보름밤에, 수행승(비구)의 무리에 둘러싸여 집 밖에 계시었다. 존귀하신 스승께서는 묵묵히 앉아 있는 수행승의 무리들을 돌아보시고 그들에게 이렇게 말씀하셨다.

"수행승들이여, 선량하고 존귀하며 세속을 떠나 깨달음에 이르는 갖가지 진리가 있느니라. 그런데 '수행승들이여, 그대들이 선량하고 존귀하게 세속을 떠나 깨달음에 이르는 갖가지 진리를 듣는 것은 무슨 까닭인가?' 하고 그대들에게 묻는 자가 있으면 수행승들이여, 그들에게 이렇게 말하라—'두 가지의 진리를 분명히 알기 위함이라'고. 그렇다면 그대들이 말하는 두 가지란 무엇이냐고 물으면 '이것은 괴로움이다. 이것은 괴로움의 원인이다' 하는 것이 첫번째 관찰이요, '이것은 괴로움의 소멸이다. 이것은 괴로움의 소멸에 이르는 길이다' 하는 것이 그 두번째 관찰이다. 수행승들이여, 이렇게 두 가지를 바르게 관찰하여 꾸준히 힘쓰는 수행승에게는 두 가지 과보 중에서 어느 하나의 과보를 기대할 수 있다. 즉, 이 세상에서 지혜를 깨치든지 번뇌가 남아 있는 이 혼미한 생존으로 다시 돌아오지 않든지 하는 것이다."

그리고 행복하신 스승(부처님)께서는 도 다음과 같이 설법하셨다.

724 "괴로움을 모르고 괴로움이 일어남을 모르며 또한 괴로움이 남김 없이 소멸되는 것도 모르고 괴로움이 소멸되는 그 길도 모르는 자들—

725 그들은 마음의 해탈과 지혜의 해탈을 이룰 수 없다. 그들은 (윤회를) 끊어버릴 수 없다. 그들은 속된 생과 늙음을 받는다.

726 그러나 괴로움을 알고 괴로움이 일어남을 알며, 또 괴로움이 남김 없이 소멸되는 것을 알고 괴로움이 소멸되는 그 길을 아는 자들—

727 그들은 마음의 해탈과 지혜의 해탈을 구현한다. 그들은

(윤회를) 끊어버릴 수 있다. 그리하여 그들은 속된 생과 늙음을 받는 일이 없다."

"'수행승들이여, 또 다른 방법으로 두 가지 진리를 바르게 관찰할 수 있는가?' 하고 만일 그대들에게 묻는 자가 있다면, '있다'고 대답하라. 무슨 까닭인가? '괴로움은 다 소인(素因, upadhi)[27]으로 일어난다'는 것이 첫번째 관찰이다. '그 소인에서 완전히 떠나 이를 없애버리면 괴로움이 일어나는 일이 없다'는 것이 그 두번째 관찰이다. 수행승들이여, 이렇게 두 가지를 바르게 관찰하여 꾸준히 힘쓰는 수행승에게는 두 과보 중에서 어느 하나의 과보를 기대할 수 있다―즉, 이 세상에서 지혜를 깨치든지 번뇌가 남아 있는 이 혼미한 생존으로 다시 돌아오지 않든지 하는 것이다."

존귀하신 스승(부처님)께서는 이같이 말씀하셨다. 그리고 행복하신 스승께서는 또 다음과 같이 설법하셨다.

728   "세상에 있는 모든 괴로움은 생존의 소인으로 일어난다. 실로 그것을 모르고 생존의 소인을 만드는 우둔한 자는 되풀이해서 괴로움을 받게 된다. 그러므로 바르게 알고, 괴로움이 일어나는 원인을 관찰하여 소인을 만들지 마라."

"'수행승들이여, 또 다른 방법으로 두 가지 진리를 바르게 관찰할 수 있는가?' 하고 만일 그대들에게 묻는 자가 있다면, '있

---

27   미래에는 윤회에 따라 그 생존이 형성된다는 뜻. 업(業, karma), 즉 더럽혀진 업(sasavakarma)이란 뜻으로 해석됨.

다'고 대답하라. 무슨 까닭인가? '괴로움은 모두 무명無明에서 일어난다'는 것이 첫번째 관찰이다. '그러나 무명을 완전히 떠나 이를 없애버리면 괴로움이 일어나는 일이 없다'는 것이 그 두번째 관찰이다. 이렇게 두 가지를 바르게 관찰하여 꾸준히 힘쓰는 수행승에게는 두 과보 중에서 어느 하나의 과보를 기대할 수 있다. 즉 이 세상에서 지혜를 깨치거나 번뇌가 남아 있는 이 혼미한 생존으로 다시 돌아오지 않든지 하는 것이다."

스승께서는 이같이 말씀하셨다. 행복하신 스승께서는 또 다음과 같이 설법하셨다.

729 "이 상태에서 다른 상태로 되풀이하여 생사의 윤회를 받는 자는 그 귀취歸趣가 무명에 있다.

730 이 무명이란 커다란 방황인데, 이로 말미암아 영원한 윤회가 나타난다. 그러나 밝은 지혜에 이른 자는 다시는 생존을 받는 일이 없다."

"'수행승들이여, 또 다른 방법으로 두 가지 진리를 바르게 관찰할 수 있는가?' 하고 그대들에게 만일 묻는 자가 있다면 '있다'고 대답하라. 무슨 까닭인가? '어떤 괴로움이든 모두 형성력形成力으로 일어난다'는 것이 첫번째 관찰이다. '그러나 형성력을 완전히 떠나 이를 없애버리면 괴로움이 일어나는 일이 없다'는 것이 그 두번째 관찰이다. 이 두 가지를 바르게 관찰하여 꾸준히 힘쓰는 수행승에게는 두 가지 과보 중에서 어느 하나의 과보를 기대할 수 있다. 즉 이 세상에서 지혜를 깨치거나 번뇌가 남아 있는 이 혼미한 생존으로 다시 돌아오지 않거나 하는 것이다."

스승은 이같이 말씀하셨다. 그리고 행복하신 스승께선 또 다음과 같이 설법하셨다.

731 "어떤 괴로움이 일어나더라도 그것은 다 형성력에 의해서 일어난다. 이 갖가지 형성력이 소멸되면 괴로움이 일어나는 일이 없다.

732 '괴로움은 형성력에서 일어난다'는 이 두려운 사실을 알고, 일체의 형성력을 소멸시켜, (욕심을) 억제하면 괴로움은 소멸된다. 이것을 분명히 알라.

733 바르게 보고, 바르게 알아, 여러 현자, 즉 베다에 통달한 자들은 악마의 사슬에서 벗어나 다시는 생존을 받는 일이 없다."

"'수행승들이여, 또 다른 방법으로 두 가지 진리를 바르게 관찰할 수 있는가?' 하고 묻는 자가 있으면 '있다'고 대답하라. 무슨 까닭인가? '어떤 괴로움이든 식별[識]로 일어난다'는 것이 첫번째 관찰이다. '그러나 식별작용을 완전히 떠나 이를 완전히 없애버리면 괴로움이 일어나는 일이 없다'는 것이 그 두번째 관찰이다. 이렇게 두 가지를 바르게 관찰하여 꾸준히 힘쓰는 수행자는 두 가지 과보 중에서 어느 하나의 과보를 기대할 수 있다. 즉 이 세상에서 지혜를 깨치거나 번뇌가 남아 있는 이 혼미한 생존으로 다시 돌아오지 않거나 하는 것이다."

스승은 이같이 말씀하셨다 그리고 행복하신 스승께서는 다시 또 다음과 같이 설법하셨다.

734 "어떠한 괴로움이 일어나더라도 그것은 모두 식별작용으로 일어난다. 식별작용이 소멸되면 괴로움이 일어나는 일이 없다.

735 '괴로움은 모두 식별작용으로 일어난다'는 두려운 사실을 분명히 알고, 식별작용을 조용히 가라앉게 한 수행자는 쾌락을 탐내지 않고 평안으로 돌아갈 것이다."

"'수행승들이여, 또 다른 방법으로 두 가지 진리를 바르게 관찰할 수 있는가?' 하고 그대에게 묻는 자가 있으면, '있다'고 대답하라. 무슨 까닭인가? '어떤 괴로움도 모두 접촉에서 일어난다'는 것이 첫번째 관찰이다. '그러나 접촉을 완전히 떠나 이를 완전히 없애버리면 괴로움이 일어나는 일이 없다'는 것이 그 두번째 관찰이다. 이 두 가지를 바르게 관찰하여 꾸준히 힘쓰는 수행자는 두 가지 과보 중에서 어느 하나의 과보를 기대할 수 있다. 즉 이 세상에서 도를 깨치거나 번뇌가 남아 있는 이 혼미한 생존으로 다시 돌아오지 않거나 하는 것이다."

스승께서 이같이 말씀하셨다. 그리고 행복한 스승께서는 또 다음과 같이 설법하셨다.

736 "접촉에 사로잡히고 생존의 물결에 밀려, 그릇된 길을 가는 자는 속박의 소멸에서 멀리 떠나 있다.

737 그러나 접촉에 대하여 분명히 알고 평안을 즐기는 자들은 실로 접촉을 모두 없앴기 때문에 쾌감을 떠나 평안으로 돌아갈 것이다.

"'수행승들이여, 또 다른 방법으로 두 가지 진리를 바르게 관찰할 수 있는가?' 하고 그대에게 묻는 자가 있으면, '있다'고 대답하라. 무슨 까닭인가? '괴로움은 다 감정을 받아들임〔感受〕에서 일어난다'는 것이 첫번째 관찰이다. '그러나 갖가지 감수를 완전히 떠나 이를 다 없애버리면 괴로움이 일어나는 일이 없다'는 것이 그 두번째 관찰이다. 이 두 가지를 바르게 관찰하여 꾸준히 힘쓰는 수행자에게는 두 과보 중에서 어느 하나의 과보를 기대할 수 있다. 즉 이 세상에서 지혜를 깨치거나 번뇌가 남아 있는 이 혼미한 생존으로 다시 돌아오지 않거나 하는 것이다."

스승께서 이같이 말씀하셨다. 그리고 행복하신 스승께서는 또 다음과 같이 설법하셨다.

738 "즐거움이나 괴로움, 또 이것도 저것도 아닌 것을 안팎으로 감수한 모든 것은,

739 고뇌임을 알고, 없어지고 말 허망한 사물에 접촉할 때마다 그 없어지는 것을 보고 이에 대한 애착에서 떠나는 것이다. 갖가지 감수가 소멸되기 때문에 수행승은 쾌락을 느끼지 않고 평안으로 돌아갈 것이다."

"'수행승들이여, 또 다른 방법으로 두 가지 진리를 바르게 관찰할 수 있는가?' 하고 그대에게 만일 묻는 자가 있다면 '있다'고 대답하라. 무슨 까닭인가? '괴로움은 다 애착에서 일어난다'는 것이 첫번째 관찰이다. '그러나 애착을 완전히 떠나 이를 모두 없애버리면 괴로움이 일어나는 일이 없다'는 것이 그 두번째 관찰이다. 이 두 가지를 바르게 관찰하여 꾸준히 힘쓰는 수행승에게는 두 가지 과보 중 어느 하나의 과보를 기대할 수 있다. 즉 이 세상에서 도를 깨치거나 번뇌가 남아 있는 이 혼미한 생존으로 다시 돌아오지 않거나 하는 것이다."

스승께서 이같이 말씀하셨다. 그리고 행복하신 스승께서는 또 다음과 같이 설법하셨다.

740 "애착을 벗으로 삼는 자는 이 상태에서 저 상태로 영원히 유전流轉하여 윤회를 벗어날 수 없다.

741 애착은 괴로움을 일으키는 원인이라는 이 두려운 사실을 알고, 애착에서 떠나 이에 매이지 말고 바른 생각을 가지고 수행승들은 편력해야 한다."

"'수행자들이여, 또 다른 방법으로 두 가지 진리를 바르게 관찰할 수 있는가?' 하고 그대에게 만일 묻는 자가 있다면 '있다'고 대답하라. 무슨 까닭인가? '괴로움은 다 집착에서 일어난다'는 것이 첫번째 관찰이다. '그러나 온갖 집착을 완전히 떠나 이를 완전히 소멸시키면 괴로움이 일어나는 일이 없다'는 것이 그 두번째 관찰이다. 이 두 가지를 바르게 관찰하여 꾸준히 힘쓰는 수행자는 두 가지 과보 중에서 어느 하나를 기대할 수 있다. 즉 이 세상에서 도를 깨치거나 번뇌가 남아 있는 이 혼미한 생존으로 다시 돌아오지 않거나 하는 것이다."

스승께서 이같이 말씀하셨다. 그리고 행복하신 스승께서는 또 다음과 같이 설법하셨다.

742 "집착에서 그릇된 생존이 일어난다. 생존하는 자는 괴로움을 받는다. 태어나는 자에게는 죽음이 있다. 이것이 괴로움이 일어나는 원인이다.

743 그러므로, 여러 현자들은 집착을 없애는 이유를 바르게 알고 태어남에 따른 소멸을 바르게 알아 다시 생존을 받는 일이 없다."

"'수행자들이여, 또 다른 방법으로 두 가지 진리를 바르게 관찰할 수 있는가?' 하고 그대에게 만일 묻는 자가 있다면 '있다'고 대답하라. 무슨 까닭인가? '괴로움은 모두 일어나 움직임〔起動〕에서 일어난다'는 것이 첫번째 관찰이다. '그러나 갖가지 기동을 완전히 떠나 이를 모두 없애버리면 괴로움이 일어나는 일이 없다'는 것이 그 두번째 관찰이다. 이러한 두 가지를 바르게 관찰하여 꾸준히 힘쓰는 수행승에게는 두 가지 과보 중 어느 하나를 기대할 수 있다. 즉 이 세상에서 지혜를 깨치거나 번뇌가 남아 있는 이 혼미한 생존으로 다시 돌아오지 않거나 하는 것이다."

스승께서 이같이 말씀하셨다. 그리고 행복하신 스승께서는 또 다음과 같이 설법하셨다.

744 "어떤 괴로움이 일어나더라도 그것은 모두 기동에서 일어난다. 갖가지 기동이 다 없어지면 괴로움이 일어나는 일이 없다.

745 '괴로움은 기동에서 일어난다'는 이 두려운 사실을 알고, 일체의 기동을 버림으로써 해탈하여,

746 생존에 대한 애착을 끊고 마음이 진정된 수행승은 삶의 윤회를 벗어난다. 그리고 다시 생존을 받는 일이 없다."

"'수행승들이여, 또 다른 방법으로 두 가지 진리를 바르게 관찰할 수 있는가?' 하고 그대에게 만일 묻는 자가 있다면 '있다'고 대답하라. 무슨 까닭인가? '괴로움은 다 음식으로 일어난다'는 것이 첫번째 관찰이다. '그러나 갖가지 음식을 완전히 떠나 이를 다 멸해 버리면 괴로움이 일어나는 일이 없다'는 것이 그 두번째 관찰이다. 이 두 가지를 바르게 관찰하여 꾸준히 힘쓰는 수행승에게는 두 과보 중 어느 하나를 기대할 수 있다. 즉 이 세상에서 도를 깨치거나 번뇌가 남아 있는 이 혼미한 생존으로 다시 돌아오지 않거나 하는 것이다."

스승께서 이같이 말씀하셨다. 그리고 행복하신 스승께서는 또 다음과 같이 설법하셨다.

747 "어떤 괴로움이 일어나더라도 그것은 다 음식에서 비롯된다. 이 갖가지 식음에서 떠나면 괴로움이 일어나는 일이 없다.

748 '괴로움은 음식으로 일어난다'는 이 두려운 사실을 알고, 일체의 음식에 대해 잘 알아, 식음에 의존하지 말며,

749 갖가지 더러운 번뇌를 소멸함으로써 병이 나지 않음을 바르게 알고, 반성하여 (음식을) 아껴서 참된 이법에 사는 베다에 이른 자는 (방황하는) 어리석은 생존자가 아니다."

"'수행승들이여, 또 다른 방법으로 두 가지 진리를 바르게 관찰할 수 있는가?' 하고 그대에게 묻는 자가 있다면 '있다'고 대답하라. 무슨 까닭인가? '괴로움은 모두 동요動搖에서 일어난다'는 것이 첫번째 관찰이다. '그러나 갖가지 동요를 완전히 떠나 이를 모두 없애버리면 괴로움이 일어나는 일이 없다'는 것이 그 두번째 관찰이다. 이러한 두 가지를 바르게 관찰하여 꾸준히 힘쓰는 수행승에게는 두 과보 가운데 어느 한 과보를 기대할 수 있다. 즉 이 세상에서 지혜를 깨치거나 번뇌가 남아 있는 이 혼미한 생존으로 다시 돌아오지 않거나 하는 것이다."

스승께서는 이같이 말씀하셨다. 그리고 행복하신 스승께서는 또 다음과 같이 설법하셨다.

750 "어떤 괴로움이 일어나더라도 그것은 다 동요[28]에서 시작된다. 갖가지 동요가 다 없어지면 괴로움이 일어나는 일이 없다.

751 '괴로움은 동요에서 일어난다'는 이 두려운 사실을 알고, 수행승은 갖가지 (애착의) 동요를 버리고, 갖가지 형성력

28　애착 · 교만 · 그릇 봄〔妄見〕· 업, 번뇌에 따른 세속적인 모든 동요.

을 종식시켜 무동요·무집착으로 바른 생각을 가지고 편력해야 한다."

"'수행승들이여, 또 다른 방법으로 두 가지 진리를 바르게 관찰할 수 있는가?' 하고 그대에게 만일 묻는 자가 있으면, '있다'고 대답하라. 무슨 까닭인가? '걸림이 있는 자는 망설인다'는 것이 첫번째 관찰이다. '걸림이 없는 자는 망설이지 않는다'는 것이 그 두번째 관찰이다. 이렇게 두 가지를 바르게 관찰하여 꾸준히 힘쓰는 수행승은 두 과보 중에서 어느 한 과보를 기대할 수 있다. 즉 이 세상에서 지혜를 깨치거나 번뇌가 남아 있는 이 혼미한 생존으로 다시 돌아오지 않거나 하는 것이다."

스승께서는 이같이 말씀하셨다. 그리고 행복하신 스승께서는 또 다음과 같이 설법하셨다.

752 "걸림이 없는 사람은 망설이지 않는다. 그러나 걸림이 있는 자는 이 상태에서 저 상태로 집착하고 있어서 윤회를 벗어날 수 없다.

753 '갖가지 걸림 속에 커다란 공포가 있다'는 두려운 사실을 알고, 수행승은 걸림이 없고 집착 없이 바른 생각을 가지고 편력해야 한다."

"'수행승들이여, 또 다른 방법으로 두 가지 진리를 바르게 관찰할 수 있는가?' 하고 만일 그대에게 묻는 자가 있다면 '있다'고 대답하라. 무슨 까닭인가? '물질의 세계보다 물질 아닌 세계가 한결 더 안정되어 있다'는 것이 첫번째 관찰이다. '물질 아닌 세계보다 소멸의 세계가 훨씬 더 안정되어 있다'는 것이 그 두번째 관찰이다. 이러한 두 가지를 바르게 관찰하여 꾸준히 힘쓰는 수행승에게는 두 과보 중 어느 한 과보를 기대할 수 있다. 즉 이 세상에서 도를 깨치거나 번뇌가 남아 있는 이 혼미한 생존으로 다시 돌아오지 않거나 하는 것이다."

스승께서 이같이 말씀하셨다. 그리고 행복하신 스승께서는 또 다음과 같이 설법하셨다.

754 "물질의 세계에 태어나는 모든 생존자와 물질 아닌 세계에 있는 모든 생존자는 소멸(열반)을 모르기 때문에 다시 이 세상의 생존으로 되돌아온다.

755 그러나 물질의 세계를 분명히 알고 물질 아닌 세계에 안주하며, 소멸로 해탈하는 자는 죽음을 버린 것이다."

"'수행승들이여, 또 다른 방법으로 두 가지 진리를 바르게 관찰할 수 있는가?' 하고 만일 그대에게 묻는 자가 있다면 '있다'고 대답하라. 무슨 까닭인가? 수행승들이여, 신들과 악마가 함께 사는 세계, 도를 닦는 자(사문), 바라문, 신들 그리고 인간을 포함한 모든 생존자가 '이것은 진리다'고 생각한 것을 여러 성자들은 '이것은 허망하다'고 바른 지혜로 분명히 안다. 이것이 첫번째 관찰이다. 수행승들이여, 신들과 악마가 함께 사는 세계, 도를 닦는 자, 바라문, 신들 그리고 인간을 포함한 이 모든 생존자가 '이것은 허망하다'고 생각한 것을 여러 성자들은 '이것은 진리다'고 바른 지혜로 안다. 이것이 두번째 관찰이다. 이렇게 두 가지를 바르게 관찰하여 꾸준히 힘쓰는 수행승에게는 두 과보 중 어느 하나의 과보를 기대할 수 있다. 즉 이세상에서 지혜를 깨치거나 번뇌가 남아 있는 이 혼미한 생존으로 다시 돌아오지 않거나 하는 것이다."

스승께서는 이같이 말씀하셨다. 그리고 행복하신 스승께서는 또 다음과 같이 설법하셨다.

756 "보라, 신들과 세상사람들은 나 아닌 것을 나라고 생각하고 명칭과 형태(nāmarupa)[29]에 집착하게 된다. '이것이 바로 진리다'고 생각하면서.

757 어떤 것을 이러니 저러니 하고 생각해도, 그 생각한 것은 바로 그것과는 다르다. 왜냐하면, (그 어리석은 자의) 이런 것(생각)이 허무하기 때문이다. 지나가 버리는 것은 허망하기 때문에.

758 평안은 허망이 아니다. 여러 성자들은 이를 진리로 안다. 그들은 실로 진리를 깨달았기 때문에, 쾌락을 탐하지 않고 평안으로 돌아간 것이다."

"'수행승들이여, 또 다른 방법으로 두 가지 진리를 바르게 관찰할 수 있는가?' 하고 만일 그대에게 묻는 자가 있다면 '있다'고 대답하라. 무슨 까닭인가? 수행승들이여, 신들과 악마가 함께 사는 세계, 도를 닦는 자, 바라문, 신들 그리고 인간을 포

---

29 우파니샤드에선 현상계(現象界)를 뜻하는 말이었는데, 불교에 채용되어 모두 개인의 존재를 뜻함.

함한 모든 생존자가 '이것은 안락이다' 하고 생각한 것을 여러 성자들은 '이것은 고뇌다' 하고 바른 지혜로 안다. 이것이 첫번째 관찰이다. 수행승들이여, 신들과 악마가 함께 사는 세계, 도를 닦는 자, 바라문, 신들 그리고 인간을 포함한 이 모든 생존자가 '이것은 고뇌다' 하고 생각한 것을 여러 성자들은 '이것은 안락이다'고 바른 지혜로 분명히 안다. 이것이 두번째 관찰이다. 이렇게 두 가지를 잘 관찰하여 꾸준히 힘쓰는 수행승에게는 두 과보 중 어느 하나의 과보를 기대할 수 있다. 즉 이 세상에서 도를 깨치거나 번뇌가 남아 있는 이 혼미한 생존으로 다시 돌아오지 않거나 하는 것이다."

스승께서는 이같이 말씀하셨다. 그리고 행복하신 스승께서는 또 다음과 같이 설법하셨다.

759 "있다고 말할 수 있는 색깔, 음성, 향기, 촉감 그리고 생각할 수 있는 것으로 한결같이 사랑스럽고 마음에 드는 것,

760 그것들을 실로 신이나 세상사람들은 '안락'이라 본다. 그것들이 없을 경우에는 이를 '고뇌'라고 본다.

761 자기의 육신을 떠나 소멸되는 것[斷滅]을 '안락'이라고 여러 성자들은 생각한다. (바르게) 보는 자들의 이런 것(생각)은 모든 세상사람들과는 반대다.

762 다른 사람들이 '안락'이라 부르는 것을 여러 성자들은 '고뇌'라고 말한다. 다른 사람들이 '고뇌'라고 부르는 것을 여러 성자들은 '안락'으로 안다. 보라, 진리를 이해하기가 그토록 어려움을. 무지한 사람들은 여기서 방황한다.

763 덮여 있는 자에게는 어둠이 있다. (바르게) 보지 못하는 자들에게는 암흑이 있다. 선량한 자에게는 열어서 보는 것〔開顯〕이 있다. 마치 눈을 뜨고 보는 자들에게 광명이 있듯이. 이법이 무엇인지 모르는 짐승 같은 (어리석은) 자는 (평안에) 가까이 있어도 이를 모른다.

764 생존을 위한 탐욕에 사로잡히고, 생존의 흐름에 휩쓸려, 악마의 세계로 들어간 자들은 이 진리를 깨닫기가 매우 어렵다.

765 여러 성자들 외에 대체 누가 이 경지를 깨달을 수 있을 것인가. 이 경지를 바르게 알면 번뇌의 때가 묻지 않는 자가 되어 고요한 평안에 들어가리라."

스승(부처님)께서 이같이 설법하셨다.
수행승들은 기뻐하면서 스승의 설법을 환희로 받아들였다. 이같이 밝은 설법으로 해서 60명의 수행승들은 집착에서 떠나 때묻은 마음에서 해탈되었다.

제4편

시(詩)의 장

1. 욕 망

766 욕망을 달성하려고 원하는 자가 만일 뜻대로 되면 그는
실로 인간이 갖고자 하는 것을 얻었기 때문에 마음속으로 기뻐
한다.

767 욕망을 달성하려고 원하는 자가 만일 그 욕망을 이룰
수 없게 되면 그는 화살에 맞은 것처럼 고뇌에 빠진다.

768 발로 뱀의 머리를 밟지 않으려고 조심하는 것처럼, 갖
가지 욕망을 피하는 자는 생각을 바르게 하여 이 세상의 애착
에서 벗어난다.

769 논밭 · 주택 · 황금 · 가축 · 노비 · 고용인 · 부녀자 · 친
족, 그 밖의 온갖 욕망을 탐내는 자가 있다면,

770 아무 힘도 없는 갖가지 번뇌가 그를 굴복시켜 위험과
재난이 그를 짓밟는다. 그러므로 괴로움이 그를 따른다. 마치
파손된 배에 물이 새어들듯이.

771 그러므로 인간은 언제나 바른 생각을 가지고 온갖 욕망
으로부터 피하도록 하라. 배에 스며든 물을 퍼내듯이, 그런 욕
망을 버리고 거센 물결을 건너 피안에 이르는 자가 되라.

2. 동굴에 대한 시

772 동굴[1] 속에 머물러 집착하며, 갖가지 번뇌에 덮여 미망
迷妄에 빠진 자—이런 사람은 염리厭離[2]하여 멀리 떠나지 못한
다. 이는 실로 이 세상의 욕망을 버리기 어렵기 때문이다.

773 욕구로 해서 쾌락에 사로잡힌 자는 해탈하기 어렵다.
다른 사람이 해탈을 시킬 수 없기 때문이다. 그들은 미래나 과
거를 생각하면서 이러한 (현재의) 욕망이나 과거의 욕망에 탐
한다.

774 그들은 욕망에 탐하고 찾으며 빠져들며, 인색하고 부
정에 친근하지만, (죽을 때에는) 괴로움에 눌려서 탄식하게 된
다. —'이제 죽으면 나는 어떻게 될까' 하고.

775 그러므로 사람들은 이 가르침을 숭상하라. 세상에서 옳
지 않다[不正]고 알려진 것은 어떤 일이라도 해서는 안 된다.
인간의 수명은 짧은 것이라고 현자는 항상 말하지 않던가.

776 갖가지 생존에 대한 애착 때문에 세상사람들이 몸부림
치는 것을 나는 본다. 못난 자들은 갖가지 생존에 대한 이 애착
에서 벗어나지 못하고 죽음에 직면해서 운다.

777 (무엇이든) 자기 소유라고 집착하여 마음이 흔들리는
자들을 보라. (그들의 모습은) 메말라가는 개울에서 파닥거리

---

1 육신을 동굴에 비유.
2 신체에 관해서도 마음에 관해서도 여러 가지 제약에 관해서도 번뇌하지 않음
  을 말함.

는 물고기와 같다. 이 꼴을 보고 '내 것'이라는 생각을 버리고 세상을 걸어가라—갖가지 생존에 대하여 집착하지 말고.

778 현자는 양 극단의 욕망을 억제하여, (감관과 그 대상에의) 접촉이 무엇임을 분명히 알고 탐내는 일이 없고, 자기 스스로도 비난받을 악행을 하지 않으며, 보고 들은 일로 하여 때문지 않는다.

779 생각[3]을 바르게 하여 흐르는 물을 건너라. 성자는 소유하려는 집착으로 때문지 않으며, (번뇌의) 화살을 뽑아 수행에 힘써 이 세상도 저 세상도 바라지 않는다.

3. 분노에 대한 시

780 실로 노하는 마음 때문에 (다른 사람을) 비방하는 자가 있다. 마음이 진실한 자들도 (다른 사람을) 비방하는 일이 있다. 비방하려는 생각이 일어나더라도 성자는 그것에 가까이 하지 않는다. 성자는 무슨 일에도 마음이 거칠어지지 않는다.

781 욕망에 이끌리고 욕심에 사로잡힌 자가 어찌 자기의 견해를 벗어날 수 있겠는가. 그는 자기가 완전하다고 생각하는 것을 그대로 행한다. 그리고 자기가 알고 있는 것을 언제나 입밖에 내게 된다.

782 묻지도 않는데 다른 사람에게 자기의 계율과 도덕을 말

---

3 명칭과 형태를 말함.

하는 자, 자기자신에 대해 스스로 말하는 자가 있다면, 진리에 이른 사람들은 그를 가리켜 성스러운 자리를 갖지 못한 자라고 한다.

783 평안하고 마음에 안정을 이룬 수행승이 계율에 대하여 '나는 이렇게 하고 있다'고 자랑하지 말고, 세상에서 번뇌가 성하는 일이 없으면, 진리에 이른 사람들은 그를 가리켜 성스러운 진리를 가지고 있는 자라 한다.

784 때문은 교리를 미리 조작해 놓고 한편에 치우쳐 자기만이 열매를 보려는 자는 뿌리가 없이 흔들리는 것에 의존하여 평안을 얻으려 한다.

785 갖가지 사물에 대한 고집이 무엇인가를 분명히 알고, 자기의 견해에 대한 집착을 초월하는 것은 쉬운 일이 아니다. 그러므로 사람들은 (그러한 비좁은 견해의) 울타리에 들어앉아 법을 배척하기도 하고, 또 이에 집착하기도 한다.

786 사악邪惡을 쓸어 없애버린 자는 이 세상 어디를 가든지 모든 생존에 대하여 그릇된 견해를 갖는 일이 없다. 사악을 쓸어 없애버린 자는 거짓과 오만을 버렸기 때문에 어떻게 윤회를 거듭하겠는가. 그에게는 이미 의지하고 가까이할 아무것도 없다.

787 무엇에 의지하고 이를 가까이하는 자는 온갖 비방을 받지만 그렇지 않는 자는 어떻게 비방할 수 있겠는가. 그에게는 집착하는 일이 없으며 버릴 일도 없다.[4] 이는 그가 이 세상에서

---

4 '무아(無我, niratta)'의 뜻으로 해석함.

일체의 편견을 쓸어 없앴기 때문이다.

4. 청정에 대한 시

788 '나는 병이 없고 가장 깨끗한 것을 본다. 인간이 아주 깨끗하게 되는 것은 견해에 달려 있다'는 생각을 가장 올바른 것으로 알고 있는 자는, 견해를 (가장 높은 경지에 도달해서 얻은) 지혜로 생각한다.

789 만일 인간이 견해에 따라 깨끗해질 수 있거나 지혜로해서 괴로움을 버릴 수 있다면, 번뇌에 사로잡혀 있는 자가 (바른길 이외의) 다른 방법으로도 깨끗해질 수 있을 것이다. 이렇게 말하는 자를 '편견을 가진 자'라 한다.

790 바라문[5]은 (바른길 이외에는) 본 것·학문·계율·도덕·사색 중 그 어느 것도 깨끗하다고 말하지 않는다. 그는 화나 복에 때묻지 않으며, 자아를 버리고 이 세상에서 (화와 복의 원인을) 만드는 일이 없다.

791 앞의 것(스승)을 버리고 나중(스승)을 따르며, 번뇌가 일어나 흔들리는 대로 좇는 자는 집착을 벗어날 수 없다. 그들은 잡았다가는 다시 버린다. 마치 원숭이가 나뭇가지를 잡았다가 다시 놓아버리듯이.

792 서약이나 계율을 고집하는 자는 그릇된 생각에 잠겨 갖

---

5 수행을 완전히 이룬 사람.

가지 잡다한 일을 하려고 한다. 그러나 참으로 지혜로운 자는 베다에 의해 진리를 이해하며, 갖가지 잡다한 일을 하려고 하지 않는다.

793 그는 모든 사물에 대하여 보고 배우거나 생각한 것을 자제하고 지배한다. 이렇게 관찰하여 눈이 어두워지는 일이 없이 행동하는 자가 어찌 이 세상에서 망령된 생각을 할 수 있겠는가.

794 그들은 망령된 생각에서 사리를 분별하는 일이 없으며, (어떤 것을) 특별히 소중히 여기지도 않고 '구극의 깨끗함'을 말하지도 않는다. 결박되어 있는 집착을 버리고 세상의 어떤 사물에 대해서도 탐내는 일이 없다.

795 바라문은 (번뇌의) 범위를 초월해 있다. 어떤 사물을 알거나 보고도 이에 집착하는 일이 없다. 그들은 욕심을 내지 않으며 이 욕심에서 떠나려고 애쓰지도 않는다. 이 세상에서 이것이 최상의 것이라고 헛되이 집착하는 일도 없다.

5. 가장 우월한 것에 대한 시

796 세상에서 사람들이 뛰어나다고 생각하는 것을 '최상의 것'이라 생각하고, 여러 가지 견해에 사로잡혀 그 밖의 것은 '허위의 것'이라고 생각한다. 그러므로 그는 온갖 논쟁에서 벗어날 수 없다.

797 그는 본 것·배운 것·계율이나 도덕 그리고 사색에 대하여 자기 맘대로 결론을 내리고 그것만을 집착하며 그 밖의 다른 것은 다 하위의 것이라고 생각한다.

798 어떤 특정한 것에만 치중한 나머지 그 밖의 다른 것은 다 유치하다고 생각한다면, 그것은 큰 장애라고 진리에 이른 사람들은 말한다. 그러므로 수행승은 본 것과 배운 것, 사색한 것 또는 계율이나 도덕에 의거해서는 안 된다.

799 지혜에 대해서나 계율과 도덕에 대해서도 편견에 사로잡혀서는 안 된다. 자기를 다른 사람과 '같다'고 생각하지 말고, 또 다른 사람보다 '못하다'거나 '잘났다'고 생각해서도 안 된다.

800 그는 이미 가졌던 것〔견해〕를 버리고 이에 집착하는 일이 없으며, 지혜에 대해 특별히 의존하는 일도 없다. 그는 실로 다른 (여러 견해로) 분열된 사람들 사이에서도 어느 한쪽에 맹종하지도 않고, 어떠한 견해도 그대로 믿는 일이 없다.

801 그는 여기서 양 극단에 대해서나 온갖 생존에 대하여, 이 세상이나 저 세상을 막론하고 바라는 것이 없다. 온갖 사물에 대하여 확실히 알았다는 어떤 견해를 고집하는 일이 그에게는 결코 없다.

802 그는 이 세상에서 본 것, 배운 것, 또는 깊이 사색한 것에 대하여 조금도 망령된 생각을 만들지 않는다. 어떤 견해에도 고집하지 않는 바라문이 이 세상에서 망령된 생각으로 어찌 사리를 분별하겠는가.

803 그는 망령된 생각으로 사리를 분별하는 일이 없으며, (어느 하나의 견해를) 특히 중요하게 여기지도 않는다. 그리고 모든 가르침을 원하지도 않는다. 바라문은 계율이나 도덕에 이끌리는 일도 없다. 이러한 자(tādi)[6]는 피안에 이르러 다시 돌아오는 일이 없다.

6. 늙음

804 아, 짧구나, 인간의 생명이여. 백 세에 이르지도 못하고 죽어버리는가. 아무리 오래 산다 해도 결국은 늙어서 죽는 것을.

805 사람들은 내 것이라고 집착하는 물건으로 해서 근심한다. (자기가) 소유한 것은 언제나 갖게 되는 것이 아니기 때문이다. 이 세상에 있는 모든 것은 변하고 멸하게 되게 마련임을 알고 집에 머물러 있지 마라.

806 사람들이 '이것은 내 것이다'고 생각하는 물건, 그것은 그 사람(그것을 가졌던 사람)이 죽음으로 인해 없어진다. 나를 따르는 자는 현명하게 이 이치를 깨닫고, 내 것이라는 관념에 빠지지 마라.

807 예컨대, 꿈에서 만난 자를 다시 볼 수 없듯이 눈뜬 자는 사랑하던 사람이 죽어 세상을 떠나면 다시 돌아보지 않는다.

---

6 眞人(arahā)과 같음. 해탈한 자를 말함.

808 '누구누구' 하고 보고 듣던 사람도 죽고 나면 잠시 그 이름만이 겨우 전해질 뿐이다.

809 내 것이라고 집착하여 욕심내는 자는 근심과 슬픔, 그리고 인색함을 버리지 못한다. 그러므로 안온함을 깨달은 여러 성자들은 소유를 버리고 떠난다.

810 싫어서 물러나 행을 닦는 수행승은 멀리 떨어진 곳을 즐겨 찾는다. 그가 생존의 영역[사바세계]에서 자기자신을 드러내지 않는 것은 당연한 일이다.

811 성자는 일체의 것에 사로잡히지 않고, 사랑하거나 미워하지도 않는다. 슬픔도 인색함도 그를 더럽히지 못한다. 마치 (연)잎에 얹힌 물방울이 더러워지지 않듯이.

812 마치 연잎에 얹힌 물방울이나 연꽃에 맺힌 이슬이 더러워지지 않듯이, 이와 꼭같이 성자는 보고 배우고 사색한 어떤 것에도 더럽혀지는 일이 없다.

813 사악을 쓸어 없앤 자는 보고 배우고 사색한 어떤 것에도 집착하거나 생각하는 일이 없다. 그는 다른 어떤 것으로도 깨끗해지려 하지 않는다. 탐하지도 않으며 탐욕에서 떠날 일조차 없다.

7. 팃사 메테이야

814 팃사 메테이야 장로가 말했다.

"스승이시여, 성교에 탐닉하는 자의 파멸에 대해서 말씀해 주십시오. 당신의 가르침을 듣고 저희도 거기서 멀리할 것을 배우고자 합니다."

815 스승(부처님)께서 대답하셨다.

"메테이야여, 성교에 탐닉하는 자는 가르침을 잊고 그 행은 사악하다. 따라서 이것은 그들 안에 있는 천한 요소다.

816 전에는 독신으로 살고 있었는데 나중에 성의 교접에 빠진 자는 마치 수레가 길에서 벗어나는 것과 같다. 세상사람들은 그를 천한 범부凡夫라 부른다.

817 그리하여 일찍이 그가 가지고 있던 영예와 명성은 다 잃어버리게 된다. 이런 사실로 보더라도 성의 교접은 끊어야 한다.

818 그는 온갖 (욕망의) 생각 때문에 빈곤한 자처럼 생각만 한다. 이러한 자는 다른 사람에 대한 좋은 평판을 듣고도 스스로 부끄러워한다.

819 그런데 다른 사람으로부터 비난을 받으면 칼날[7]을 갈고 거짓을 일삼게 된다. 이것이 커다란 난점이다.

820 독신생활을 하고 있을 때에는 세상사람으로부터 지혜 있는 사람으로 인정을 받았던 자가 후에 성의 교접에 빠져 어리석은 자처럼 괴로워하게 된다.

821 성자는 이 세상 곳곳에 그러한 환난이 있음을 알고, 굳게 독신을 지켜 성의 교접에 빠져서는 안 된다.

---

7 몸과 말과 생각에서 오는 악행.

822 (속된 일로부터) 떠나는 것을 배우라. 이것은 여러 성자들에게 최상의 일이다. 그러나 이것 하나만으로 자기가 최상인 자라 생각해서는 안 된다. 그는 다만 평안에 가까워졌을 따름이다.

823 성자는 온갖 욕망을 거들떠보지 않고 이를 떠나 행하며, 흐름을 건넜기 때문에 온갖 욕망에 얽매어 사는 자들은 그를 부러워한다."

8. 파수라

824 그들은 '이것만이 깨끗하다'고 주장하며, 다른 여러 가지 가르침은 깨끗하지 않다고 말한다. 자기가 따르고 있는 것만이 선善이라 말하면서, 각각 다른 진리를 고집한다.

825 그들은 토론을 바라고 모임에 몰려들어 서로 다른 사람을 어리석은 자라고 지적하며, 다른 사람[스승]을 업고 나와 논쟁을 벌인다. 자신이 찬사를 받고자 자신을 진리에 도달한 자라고 자칭하며.

826 모임에서 논쟁에 참가한 자는 찬사를 받고자 애쓴다. 그리고 패배하면 기가 죽어 애써 (논적의) 결점을 찾다가 (다른 사람으로부터) 비난을 받고 노하게 된다.

827 여러 심판자들이 그들의 주장에 대하여 '그대는 패배했다. 논파당했다'고 하면 논쟁에 패한 자는 슬퍼 울고 근심에 잠

겨 '그는 나를 이겼다'고 비탄에 잠긴다.

828 이러한 논쟁이 여러 승려들 사이에서 일어나며, 이들에게는 득의와 실의가 엇갈리게 마련이다. 사람들은 이것을 보고 논쟁을 떠나야 한다. 이는 헛된 찬사를 받는 외에 다른 소득이 없기 때문이다.

829 어떤 이는 모임에서 논의를 전개하여 찬사를 받음으로써 마음속에 기대했던 덕을 얻어 기쁨에 우쭐해진다.

830 우쭐해진다는 것은 오히려 그를 해치는 일이다. 그런데도 그는 교만해지고 더욱 우쭐해한다. 이것으로 미루어보아 논쟁을 해서는 안 된다. 모든 통달한 자들은 그것으로 청정해진다고 말하지 않는다.

831 이는 왕의 녹祿을 먹는 용사가 상대편 용사를 찾아 고함을 지르며 앞으로 나아가는 것과 같다. 용사여, 그(토론자)가 있는 곳으로 가라. 상대해 싸워야 할 자는 본래부터 있는 것이 아니다.

832 (특수한) 철학적 견해를 갖고 논쟁하여 '이것만이 진리다'고 말하는 자가 있으면, 그대들은 그에게 말하라. '논쟁이 일어나도 그대와 논쟁할 자는 여기에는 없다'고.

833 또 그들은 번뇌의 군대를 무찌르고 (바른) 견해가 갖가지 (편견)과 모순되지 않게 하는 자들이다. 그들에게서 그대는 무엇을 얻으려고 하는가. 파수라여, 그들에게 오랫동안 '최상의 것'으로 고정되어 있는 것은 여기에는 존재하지 않는다.

834 그런데 그대는 '나야말로 승리할 수 있다'고 잘못 생각

하며 마음속에는 갖가지 편견을 가지고 사악을 쓸어 없애버린 자에게 보조를 맞추고 있지만 그것만으로 (진리에) 도달할 수 없다.

9. 마간디야

835 스승(부처님)께서 말씀하셨다.

"나는 (옛날에 도를 깨치려고 하였을 때) 애착과 혐오와 탐욕 (이라는 세 마녀)을 보고도 그들과 성의 교접을 행하고 싶다는 욕망이 일어나지 않았다. 대소변이 가득 찬 (여자가) 도대체 무엇인가. 나는 그 여자들에게 발이 닿는 것조차 바라지 않았다."

836 마간디야[8]가 말했다.

"만약 당신이 여러 왕자들이 구하던 여자, 그런 보물을 바라지 않는다면, 당신은 어떤 견해와 어떤 계율·도덕과 생활방법 그리고 어떤 생존상태로 태어나는 것을 말씀하시는 것입니까?"

837 스승께서 말씀하셨다.

"마간디야여, 나는 이런 것을 주장한다고 정한 것이 나에게는 없다. 온갖 사물에 대한 집착을 집착이라고 분명히 알고, 온갖 편견에서 (과오를) 보고 고집하지 않으며, 성찰로써 마음의

---

8 부처님이 사바티에 계실 때 바라문인 그가 그의 딸들을 성장(盛裝)시켜 데리고 와서 부처님께 아내로 삼아달라고 했음. 이는 그때 하신 말씀.

평안을 보고 있다."

838 마간디야가 말했다.

"성자시여, 당신께서는 깊이 생각해서 세운 정설定說을 고집하지 않으면서 '마음의 평안'을 말씀하시는데 이에 대하여 여러 현자들은 어떻게 말하고 있습니까?"

839 스승께서 대답하셨다.

"마간디야여, 견해라든지 학문이라든지 지식으로, 또는 계율과 도덕으로 깨끗해질 수 있다고 나는 말하지 않는다. 또한 견해와 학문과 지식이 없고, 계율과 도덕을 지키지 않고도 깨끗해질 수 있다고도 말하지 않는다. 그것들을 모두 버리고 고집하지 않으며 걸림이 없고 평안하며, 변화하는 생존을 원하지도 않는다. (이것이 마음의 평안이다.)"

840 마간디야가 말했다.

"만일 견해라든지 학문이라든지 지식으로, 또는 계율과 도덕으로 깨끗해질 수 없다고 말씀하시고, 또한 견해와 학문과 지식이 없고, 계율과 도덕을 지키지 않아도 깨끗해질 수 없다고 말씀하시면, 그것은 사람들을 방황케 하는 가르침이라고 저는 생각합니다. 견해로도 깨끗해질 수 있다고 생각하는 사람도 있습니다."

841 스승께서 대답하셨다.

"마간디야여, 그대는 (자기의) 견해에 따라 묻기 때문에 집착으로 미망에 빠졌다. 그대는 이 (마음의 평안)에 대해 조금도 생각하지 않고 있다. 그래서 (나의 가르침을) 사람들을 방황케 한다고 보고 있다.

842 '동등하다'든지 '훌륭하다'든지 또는 '열등하다'고 생각하는 자——그는 그런 생각 때문에 다투게 된다. 그러나 이 세 가지에 대해 동요되지 않는 자——그는 '동등하다'든지 '훌륭하다'든지 또는 '열등하다'는 생각이 없다.

843 그러한 바라문이 어찌 '(내 말을) 진실하다'고 논할 수 있겠는가. 또 그는 '(너의 말은) 거짓이다'고 해서 누구와 다툴 수 있겠는가. 동등하다거나 동등하지 않다거나 하는 일이 없는 자가 누구와 논쟁하겠는가.

844 집을 버리고 거처도 없이 헤매며, 마을에서 친교를 맺지 않는 성자는 모든 욕망에서 떠나 미래에 희망을 두어서도 안 되며, 군중들에게 이론異論을 내세워 논란을 해서도 안 된다.

845 용(수행완성자)은 온갖 (편견을) 떠나 세상을 두루 돌아다니기 때문에 그것들을 고집해 논쟁해서는 안 된다. 마치 연꽃이 흙물에 물들지 않듯이, 성자는 평안을 설법하는 자며, 탐내는 일이 없고 이 세상의 욕망으로 때묻지 않는다.

846 베다를 통달한 자는 그 견해나 사색에 대하여 교만하지 않다. 그의 본성이 그러하지 않기 때문이다. 그는 업에도 끌려들지 않고 학문에도 끌려들지 않는다. 그는 집착하는 곳으로 끌려드는 일도 없다.

847 생각을 벗어난 자에게는 결박이 있을 수 없다. 지혜로 해탈한 자는 방황함이 없다. 그러나 생각과 견해를 고집하는 자들은 다른 사람들과 충돌하며 세상을 방황한다."

10. 죽기 전에

848 "어떻게 생각하고 어떤 계율을 지닌 자를 '평안하다'고 말할 수 있습니까? 고타마시여, 그 최상의 분에 대하여 말씀해 주십시오."

849 스승께서 대답하셨다.

"죽기 전에 애착을 떠나 과거에 사로잡히지 않고 현재에 있어서도 이것저것 생각하며 근심걱정하는 일이 없으면 그는 (미래에 대해서도) 특별히 염려할 것이 없다.

850 성자는 노여움을 모르고 두려워하지 않으며, 자랑하는 일이 없고 후회하지 않으며, 주문을 외거나 들뜨는 일 없이 말을 조심한다.

851 미래를 원하는 일이 없고 과거를 추억해 수심에 잠기는 일도 없다. 감관에 닿는 갖가지 사물에서 멀리 떠나 온갖 견해에 유혹됨이 없다.

852 (탐욕에서) 멀리 떠나 거짓을 모르며, 욕심을 부리는 일이 없고 인색하지 않으며, 거만하지 않고 남에게 싫은 인상을 주지 않으며 두 개의 혀〔兩舌〕를 쓰지 않는다.

853 쾌락에 빠지지 않고 거만하지도 않으며, 말이 부드럽고 온화하며, 믿는 것도 없고 욕망에서 떠날 일조차 없다.

854 이익을 바라서 배우는 것이 아니다. 이익이 없다고 해서 노하지도 않는다. 집착 때문에 다른 사람을 거역하는 일이 없으며, 맛있는 음식을 탐닉하는 일도 없다.

855 평정을 누리고 언제나 바른 생각을 하며 세상에서 다른 사람을 자기와 동등하다고 생각하지 않는다. 또 자기가 남보다 뛰어나다거나 못났다고 생각하지도 않는다. 그에게는 번뇌가 일어나지 않는다.

856 걸림이 없는 자는 이법을 알기 때문이다. 이 사람에게는 생존을 위한 애착이나 그 생존을 끊어 없애려는 애착도 없다.

857 갖가지 욕망을 돌이켜 생각지 않는 자——그야말로 '평안한 자'라고 나는 말한다. 그에게는 얽매이는 사슬도 없고, 이미 모든 집착에서 떠나버렸다.

858 그에게는 자식도 가축도 논밭도 주택도 없다. 이미 얻은 것도 없고 또 아직 얻지 못한 것도 그에게는 없다.

859 범부凡夫나 사문, 또는 바라문들이 그를 비난하여 (탐욕의 허물이 있다)고 말하겠지만 그는 (탐욕을) 생각하는 일이 없기 때문에 갖가지 논란에도 동요하지 않는다.

860 성자는 탐욕에서 떠나고 인색하지 않으며, '자기는 뛰어난 자다'라든지 '자기는 다른 사람들과 동등한 자다.' 또는 '자기는 다른 사람보다 못난 자다'고 말하는 일이 없다. 그는 분별하지 않으므로 망상 분별에 따르는 일도 없다.

861 그는 세상에서 소유하는 것이 없다. 또 지닌 것이 없다고 걱정하지도 않는다. 그는 모든 사물에 관심을 가지는 일도 없다. 실로 그를 '평안한 자'라 할 수 있다."

11. 투 쟁

862 "투쟁과 논쟁, 근심과 슬픔, 인색과 오만, 자랑과 욕설은 어디서 비롯되어 일어납니까? 말씀해 주십시오."

863 "투쟁과 논쟁, 근심과 슬픔, 인색과 오만, 자랑과 욕설은 애착에서 일어난다. 투쟁과 논쟁은 인색이 따르며, 논쟁이 일어나면 욕설이 나오게 된다."

864 "세상에서 애호하는 일은 무엇을 인연으로 해서 비롯됩니까? 또 세상에 널려 있는 탐내는 일은 어째서 생깁니까? 또한 사람이 내세來世에 대하여 희망을 갖고 또 희망을 이루게 되는 것은 어떤 인연에서 비롯됩니까?"

865 "세상에서 애호하는 일과 탐내는 일은 욕망에서 비롯된다. 사람이 내세에 대하여 희망을 갖고 그 희망을 이루게 되는 것도 욕망에서 비롯된다."

866 "그러면 세상에서 욕망은 무엇 때문에 일어납니까? 또 (형이상학적인) 단정9은 무엇 때문에 일어납니까? 노여움과 거짓말과 의혹, 그리고 도를 닦는 자〔사문〕가 말하는 갖가지 견해는 어디에서 비롯됩니까?"

867 "세상에서 '쾌'와 '불쾌'라고 불리는 것으로 해서 욕망이 일어난다. 온갖 물질적 존재의 생성과 소멸을 보고 세상 사람들은 외적 사물에 사로잡혔다고 단정한다.

---

9 주(註)에는 애집(愛執)에 근거한 단정과 잘못된 견해, 즉 아트만이 있다고 생각하는 견해에 근거한 단정이 있다고 함.

868 노여움과 거짓말과 의혹, 이런 것도 (쾌·불쾌) 두 가지가 있을 때에 일어난다. 의혹이 있는 자는 지혜의 길을 배우라. 도를 닦는 자들은 앎이 많아 여러 가지를 설법하게 된다."

869 "쾌·불쾌는 무엇 때문에 일어나게 됩니까? 또 무엇이 없으면 이것이 나타나지 않습니까? 그리고 생성과 소멸의 뜻과 그것은 무엇 때문에 일어나는지 말씀해 주십시오."

870 "쾌·불쾌는 접촉 때문에 일어난다. 접촉이 없을 때에는 이것들은 나타나지 않는다. 또 생성과 소멸의 뜻과 그 까닭이 되는 것〔접촉〕을 그대에게 말하겠다."

871 "세상에서 접촉은 무엇 때문에 일어납니까? 또한 집착은 무엇 때문에 일어납니까? 무엇이 없을 때 아집我執이 없어집니까? 그리고 무엇이 소멸했을 때 접촉이 없게 됩니까?"

872 "명칭과 형태로 해서 접촉이 일어난다. 갖가지 집착은 욕구에서 비롯된다. 욕구가 없을 때에는 아집도 없다. 형태가 소멸되었을 때에는 접촉도 없게 된다."

873 "어떻게 행하는 자에게 형태가 소멸됩니까? 또한 즐거움과 괴로움은 어떻게 하여 소멸됩니까? 소멸되는 모습을 말씀해 주십시오. 저는 그것이 알고 싶습니다. 저는 이렇게 생각했습니다."

874 "있는 그대로 생각하는 자[10]도 아니고 잘못 생각하는

---

10 주(註)에 의하면 '있는 그대로 생각하는 자'는 범인(凡人)이며, 잘못 생각하는 자는 광인(狂人)이며, '생각이 없는 자'는 멸진정(滅盡定)의 경지에 들어간 사람이며, '생각을 소멸한 자'는 사무색정(四無色定)을 얻은 자라고 함.

자도 아니며, 또한 생각이 없는 자도 아니고 생각을 소멸한 자도 아니다—그렇게 행하는 자는 형태가 소멸된다. 그러나 널리 확대되는 의식은 생각에서 비롯된다."

875 "저희들이 당신께 물은 것을 당신은 잘 설명해 주셨습니다. 저희들은 다른 문제에 대하여 묻고 싶으니 이에 대하여 자세히 말씀해 주십시오. 이 세상에서 어떤 현자들은 이러한 상태가 인간에 있어서 최상의 청정한 경지라고 말합니다. 그러나 이보다 더 (청정한 경지를) 말하는 사람도 있습니까?"

876 "이 세상의 어떤 현자들은 이러한 상태가 최상이 경지라고 말한다. 또 그들 가운데서 어떤 사람은 끊어 없앰을 말한다. 즉 (정신이나 육체가) 남김 없이 소멸되는 속에 (최상의 청정한) 경지가 있다고 조용히 말하기도 한다.

877 그러나 생각이 깊은 성자는, 이러한 자들은 '걸림이 없다'고 알고, 갖가지 걸림을 알며, '현자는 갖가지 덧없는 생존을 받는 일이 없다'는 것을 알고, 해탈한 자는 논쟁을 하지 않는다.

12. 계속되는 응답 — 단편

878 (세상 학자들은) 각자의 견해를 가지고 서로 다른 주장을 하며 (자기야말로 진리에) 밝은 자라고 하며 여러 가지로 논란한다. '이를 아는 자는 진리를 알고 있으며, 이를 비난하는

자는 아직 완전한 자[如來]가 아니다'고.

879 그들은 이렇게 다른 주장을 갖고 논란하며 '저 사람은 어리석은 자로서 진리에 도달한 자가 아니다'고 말한다. 이런 사람들은 자기야말로 진리를 깨친 자라고 생각하며 또 그렇게 말하고 있지만, 이들 중에서 누구의 말이 진실하다고 볼 수 있겠는가.

880 만일 다른 사람의 가르침을 인정하지 않는 사람은 어리석고 저속하며 지혜가 모자라는 자라면, 그들은 그들(자기)의 견해만 고집하고 있기 때문에 모두가 어리석은 자며, 또 지혜가 모자라는 자다.

881 또, 만일 자기자신의 견해에 따라 깨끗해지고 완전히 청정한 지혜를 가진 자가 되며, 진리에 도달한 자가 되고 지혜에 밝은 자가 된다면, 그들의 견해는 (그 점에서) 다 똑같이 완전하기 때문에 그들 가운데에는 지혜가 모자라는 자가 없도다.

882 어리석은 자들이 서로 다른 사람에 대하여 말하는 것을 듣고 '이것이 진실이다'고 나는 말하지 않는다. 그들은 각자 자신의 견해를 진실이라고 생각한다. 그러므로 다른 사람을 '어리석은 자'로 보게 된다.

883 어떤 사람들이 '이것이 진리며 진실이다'고 말하는 그것(견해)을 다른 사람들은 '허위며 허망하다'고 말한다. 이처럼 그들은 서로 다른 주장을 가지고 논쟁한다. 어째서 사문들은 같은 주장을 하지 않는가.

884 진리는 하나지 둘이 아니다. 그것[진리]을 알게 된 자

는 논쟁하지 않는다. 저들은 각각 다른 진리를 숭상하고 있다. 그러므로 사문은 동일한 것을 말하지 않는다.

885 스스로 진리에 도달하였다고 생각하면서 말하는 논자들은 어찌하여 갖가지 다른 진리를 논하게 되는가? 또 그들은 갖가지 다른 진리를 (다른 사람에게서) 들었을까? 아니면 자기의 사색에 따른 것일까?

886 세상에는 갖가지 다른 영원한 진리는 없다. 다만 영원한 것이라고 상상할 따름이다. 그들은 갖가지 견해에 대하여 사색하고 탐구하여 '(내 말은) 진리다' '(다른 사람의 말은) 허망하다'고 두 가지로 말한다.

887 견해나 전해 내려온 학문이나 계율, 서약이나 사색 등에 따라 (다른 사람의 말을) 무시하고 (자기의 학설을) 단정하여 즐기며 '반대하는 자는 어리석은 자며, 진리에 도달하지 못했다'고 한다.

888 반대자를 어리석은 자라고 보는 동시에 자기를 진리에 도달한 자라 생각한다. 또 자기는 진리에 도달한 자라 하면서 다른 사람을 무시한다.

889 그는 지나치게 그릇된 견해를 가지고 있으며, 교만하여 자기를 완전한 자라고 생각하고는 마음속으로 제1인자라고 자처한다. 그의 견해는 (자신이 볼 때) 그처럼 완성되어 있다고 보기 때문이다.

890 만일 다른 사람들이 자기를 (어리석다고) 말하기 때문에 어리석게 된다면 그렇게 (말하는 자도 상대방과 함께) 어리

석은 자가 된다. 그리고 자기 스스로 베다에 통달한 자, 현자라고 칭할 수 있다면, 도를 닦는 사람들 가운데 어리석은 자는 한 사람도 없을 것이다.

891 '이 나의 주장 이외의 가르침을 베푸는 자들은 악에서 벗어난 깨끗한 자가 못 되며 완전한 자가 아니다'고 일반적으로 갖가지 다른 주장들을 하는 자들은 말한다. 이는 그들이 자기 견해에 빠져 때가 묻어 있기 때문이다.

892 이것(자기 주장)만 깨끗하다고 말하며, 다른 사람의 가르침에는 깨끗함이 없다고 한다. 이런 갖가지 이설(異說)을 고집하는 자들은 스스로 자기의 길만을 완고하게 내세운다.

893 자기의 길만을 완고하게 내세워 이를 주장하지만, 어찌 다른 사람을 어리석은 자라 할 수 있겠는가. 다른 사람 (주장)은 어리석고 깨끗하지 못한 것이라고 한다면, 그는 스스로 고집불통이 되고 만다.

894 (주장을) 내세워 결정함에 있어서 스스로 헤아리지만 또한 세상사람들과 논쟁하게 된다. 일체의 (철학적) 단정을 버리면 세상사람들은 고집쟁이가 되지 않는다.

13. 계속되는 응답 — 장편

895 이런 견해를 고집하면서 '이것만이 진리다' 하고 논쟁하는 자들—그들은 모두 다른 사람의 비난을 받는다. 그들은

모두 다만 그 점에 대하여 (일부의 사람들에게) 찬사를 받을 따름이다.

896 (비록 찬사를 받는다 할지라도) 그것은 대수롭지 않아 평안을 얻을 수 없다. 논쟁의 결과는 (찬사와 비난의) 두 가지라고 나는 말한다. 이러한 사리를 미루어보아도 그대들은 논쟁이 없는 경지가 안온한 것임을 알고 결코 논쟁을 하여서는 안 된다.

897 모든 범속한 무리들이 갖는 이런 세속적인 견해에 지혜로운 자는 가까이하지 않는다. 그는 보고 듣는 사물에 대하여 '이것만'이라고 생각하지는 않기 때문에 이에 매이는 일이 없다. 그렇다면 그는 무엇 때문에 사로잡히게 되겠는가.

898 계율을 가장 뛰어난 것이라고 우러러보는 자들은 '계율을 지킴으로써 악에서 벗어나 깨끗해질 수 있다'고 계율을 지킬 것을 맹세한다. 그리하여 '우리는 이 가르침을 지킬 것이니 그렇게 되면 악에서 벗어나 깨끗하게 될 수 있다'고 한다. 진리에 도달하였다고 말하는 자들은 변화하는 삶에 이끌려 있다.

899 만일 그가 계율이나 도덕을 어기면 그는 그 (계율이나 도덕) 때문에 두려움에 떤다. 그는 '여기에만 악에서 벗어나 깨끗해지는 길이 있다'고 이를 간절히 바라게 된다. 이는 캐러밴[隊商]에서 떠난 상인이 (대상을 찾아) 돌아다니고 (집에서 나온) 길손이 집을 찾는 것과 같다.

900 일체의 계율이나 서약을 버리고 (세상에서) 죄가 있기도 하고 또는 없기도 한 행위마저 버리고, '깨끗하다'든지 '부

정하다' 하여 무엇을 구하는 일 없이, 이런 것들에 얽매이지 말고 행하라, 평안을 고집하지 말고.

901 또는 하기 싫은 고행이나 보고 배우고 깊이 생각한 바에 따라 음성을 높여 깨끗하게 되었음을 찬미하는 자는 갖가지 생존에 대한 애착에서 떠나 있지 않다.

902 원하고 바라는 자에게는 욕심이 있다. 또 계략이 있을 때에는 두려움이 따른다. 그러나 이 세상에서 죽음도 삶도 없는 자—그는 무엇이 두려우며 무엇을 원하랴.

903 어떤 사람이 '최상의 것'이라 말하는 가르침을 다른 사람은 '천박한 것'이라 한다. 이 중에서 어느 것이 참된 주장일 수 있겠는가. 그들은 모두 자기야말로 진리에 도달한 자라 하겠지만—.

904 그들은 저마다 자기의 가르침이 완전하고 다른 사람의 가르침은 천박하다고 말을 한다. 그들은 서로 다른 주장을 고집하여 논쟁함으로써 각자 자기의 가설만을 진리라고 주장한다.

905 만일 다른 사람들이 비난하기 때문에 천박한 주장이라 한다면 갖가지 가르침 중에 뛰어난 것은 하나도 없을 것이다. 이는 세상사람들이 모두 자기의 주장만을 끝까지 내세워 다른 사람의 가르침을 열등한 것이라 주장하기 때문이다.

906 그들은 자기의 도를 찬양하는 것과 마찬가지로 자기의 가르침을 존중한다. 그렇다면 모든 이론이 그처럼 정당함을 뜻하는 것이다. 이는 그들의 입장에서 볼 때 각자의 이론이 다 악

에서 벗어난 깨끗한 것이기 때문이다.

907 바라문은 다른 것에 이끌리는 일이 없다. 또한 갖가지 가르침에 대하여 단정을 내리고 이를 고집하는 일도 없다. 그러므로 모든 논쟁을 초월해 있다. 이는 다른 사람의 가르침을 가장 뛰어나다고 생각하는 일이 없기 때문이다.

908 '우리는 안다. 우리는 본다. 또 이것은 사실이다' 하는 견해로 해서 어떤 사람들은 깨끗한 것이 무엇인가를 알고 있다. 그러나 그것이 그들 자신에게 무슨 소용이 있을 것인가. 그들은 바른 길에서 떠나 다른 것으로 해서 깨끗하게 된다고 주장한다.

909 보는 사람은 명칭과 형태를 본다. 보고 나서 이것들(상주〔常住〕·안락·실아〔實我〕)을 참된 것이라고 생각한다. 보고 싶은 자가 많든 적든 (그렇게) 보는 것은 무방하다. 그러나 진리에 통달한 자들은 그렇게 (봄으로 해서) 깨끗해진다고 주장하지 않는다.

910 집착해서 고집하는 자는 자기가 세운 견해를 존중하고 있기 때문에 이를 바로잡기란 쉽지 않다. 자기가 의거하는 것만을 정당하다고 보며, 그것에서만 깨끗해질 수 있다고 보는 자는 그렇게 (한쪽으로) 치우쳐 있다.

911 바라문은 바로 보고 망상 분별을 일으키지 않는다. 견해에 휩쓸리지 않고 지식에 의존하지 않는다. 그는 범속한 자들이 말하는 갖가지 견해를 잘 알고 마음에 새겨두지 않는다—다른 사람들은 거기에 집착해도.

912 성자는 이 세상에서 갖가지 속박을 버리고, 논쟁이 일어났을 때에도 어느 한쪽에 가담하는 일이 없다. 그는 불안한 자들 속에서도 마음이 안정되어 태연하며, 집착하는 일이 없다—다른 사람들은 거기에 집착하지만.

913 과거의 때를 벗고 다시 때묻는 일이 없으며, 만사에 욕심을 내지 않고 논쟁을 고집하는 일도 없다. 현자는 온갖 견해를 떠나 이 세상에서 더럽혀지지 않으며, 자기를 탓하는 일도 없다.

914 보고 배우고 생각하는 어떤 사물에 대해서도 맞서지 않는다. 뿐만 아니라 그는 모든 부담에서 해방되어 있다. 그는 계략을 세우지 않으며 쾌락에 잠기거나 이를 구하는 일도 없다.

14. 신 속

915 "태양의 후예이신 위대하신 선인(부처님)께 속세에서 멀리 떠나는 것과 평안에 이르는 경지를 여쭙고자 합니다. 수행승은 어떻게 관찰해야 세상에서 아무것도 집착하지 않고 평안에 들 수 있습니까?"

916 스승께서 대답하셨다.

"(내가 있다고) 생각하여 널리 확대되는 의식을 억누르고 마음속에 있는 어떠한 애착도 억제하기 위해 언제나 명심하라.

917 안팎으로 참된 이법을 알라. 그러나 그로 말미암아 거

만하게 되어서는 안 된다. 진리에 도달한 자는 이것을 평안이
라 하지 않는다.

918 이로 말미암아 '자기가 뛰어나다'고 생각하거나 '자기
가 열등하다' 또는 '자기는 동등하다'고 생각해서도 안 된다.
갖가지 질문을 받더라도 자기가 잘났다는 그릇된 생각을 갖지
마라.

919 수행자는 안으로 평안을 누린다. 밖에서 이를 구해서는
안 된다. 안으로 평안을 얻는 자는 고집하는 것이 없다. 그러니
어찌 버릴 것이 있겠는가.

920 바닷속에서는 파도가 일지 않고 고요한 것처럼, 그렇게
조용하고 흔들리지 마라. 수행승은 무엇에 대하여서도 욕심을
일으켜서는 안 된다."

921 "눈을 뜨신 분께서는 몸소 체험하신 법, 위험과 재난의
극복에 대하여 말씀해 주셨습니다. 다시 원컨대, 바른 길을 가
르쳐주십시오. 계율규정[11]이나 정신안정의 법[三昧]을 알고자
합니다."

922 "눈에 보이는 것을 탐내지 마라. 야비한 말에 귀를 기
울이지 마라. 맛에 탐닉해서도 안 된다. 세상에 있는 어떤 것에
도 집착하지 마라.

923 고통을 당해도 수행자는 결코 비관하거나 한탄해서는
안 된다. 생존을 탐하여 구하지 마라. 무서운 것을 만나도 두려
워하지 마라.

---

11 출가한 승이 지켜야 할 계율.

924 음식이나 의복을 얻어도 이를 저장해서는 안 된다. 또 그것을 얻을 수 없다고 걱정도 마라.

925 마음을 안정시켜라. 방황해서는 안 된다. 후회하지 마라. 게을러서는 안 된다. 그리하여 수행자는 한적한 곳에 기거해야 한다.

926 잠을 많이 자지 마라. 일에 부지런하며 눈을 바로 뜨고 있어야 한다. 게으름과 거짓, 담소와 유희, 이성과의 교제와 겉치레를 버려라.

927 내 제자들은 아타르바 베다 성전의 마법을 신봉하거나 해몽을 하고 관상을 보고 점성술을 숭상하지 마라. 또 새나 짐승의 소리로 점을 치거나 잉태법이나 의술을 행해서도 안 된다.

928 수행자는 비난을 받더라도 불쾌하게 생각하지 마라. 칭찬을 받더라도 거만을 부리지 마라. 그리하여 탐욕과 인색과 분노와 욕설을 멀리해야 한다.

929 수행자는 장사를 해서는 안 된다. 남을 절대로 비방하지 마라. 또 마을 사람들과 친하지도 마라. 이익을 위해 다른사람들과 만나지도 마라.

930 수행자는 거만해서는 안 된다. (자신의 이익을 얻기 위해) 책동하는 말을 하지 마라. 오만하거나 화목을 깨뜨리는 말을 해서도 안 된다.

931 거짓말을 피하라. 조심해서 속이지 않도록 하라. 그리고 생활이나 지혜, 계율이나 도덕에 대해서도 자기가 다른 사

람보다 뛰어나다고 생각해서는 안 된다.

932 집을 나온 수행자들이나 말이 많은 속인들에게서 욕을 먹거나 (불쾌한) 많은 말을 듣더라도 거친 말로 대꾸해서는 안 된다. 선량한 사람들은 적대적인 말을 쓰지 않기 때문이다.

933 수행자는 이러한 참된 이법을 잘 알고 언제나 조심하여 잘 배우라. 갖가지 번뇌가 소멸된 상태가 '평안'임을 알고 고타마의 가르침에 게을리해서는 안 된다.

934 그는 스스로 이기되 다른 사람을 힘으로 이기는 일이 없다. 다른 사람에게서 전해들은 것이 아니라 스스로 증명하는 참된 이법을 깨닫는다. 저 불타의 가르침을 게을리하지 말며, 언제나 우러러 배례하고 따르며 또 배우라."

이같이 스승께서 말씀하셨다.

15. 몽둥이를 들고

935 논쟁하는 자들을 보라. 저들은 몽둥이를 들고 있기 때문에 두려움을 느끼고 있다. 내가 얼마나 그것을 혐오하여 거기에서 떠났는가에 대하여 말하리라.

936 물이 적은 웅덩이에서 파닥거리는 물고기처럼 떨고 있는 자들과 서로 반목하고 있는 자들을 보고 나는 두려움이 일어났다.

937 이 세상은 어디나 진실하지 않다. 사방이 모두 흔들리

고 있다. 나는 의지할 고장을 구했으나 이미 (죽음과 고뇌에) 싸여 있지 않은 곳이 없다.

938 살아 있는 모든 것이 결국에 가서 재앙을 받게 되는 것을 보고 나는 불쾌했다. 그리고 나는 그들 (살아 있는 것)의 마음속에는 번뇌의 화살이 박혀 있음을 보았다.

939 이 화살에 맞은 자는 사방을 헤매게 된다. 이 화살을 빼버리면 헤매는 일이 없고 구렁에 가라앉지도 않는다.

940 이 (세상) 사람들은 갖가지 학문[12]을 배운다. 이 때문에 갖가지 속박의 굴레에 빠져서는 안 된다. 모든 욕망을 잘 살펴 자기자신의 평안을 배우라.

941 성자는 성실해야 한다. 거만하지 말고 속이지 말며, 욕설을 하지 말고 화를 내지 말며, 탐욕과 인색을 초월해야 한다.

942 마음을 평안히 갖는 자는 잠과 게으름과 우울을 극복하라. 게을러서도 안 된다. 교만해서도 안 된다.

943 거짓말을 피하라. 아름다운 겉모양에 애착을 느끼지 마라. 거만한 마음을 잘 헤아려 포악에서 떠나라.

944 낡은 것을 즐기지 마라. 새것에 이끌리지도 마라. 멸망해 가는 것을 슬퍼하지 마라. 잡아끄는 것[애착]에 끌리지 마라.

945 나는 (이끄는 것을) 탐욕, 거센 물결이라 부르고, 스며드는 욕구라 부르며, 또한 술책, 포착이라 부르며, 벗어날 수 없는 욕구의 진흙탕이라 부른다.

---

12 상(象)의 학문, 마(馬)의 학문, 궁술 · 안과 · 외과 · 내과 · 소아과 등.

946 성자는 진실에서 떠나는 일이 없으며, 바라문은 육지(평안)에 서 있다. 그를 가리켜 모든 것을 버리고 '평안에 이른 자'라 부른다.

947 그는 아는 자며 베다에 정통한 자로서 참된 이법을 다 알고 걸림이 없다. 그는 세상에서 바르게 행하고 세상의 아무 것도 부러워하는 일이 없다.

948 이 세상의 모든 욕망에서 떠나고 또한 극복하기 어려운 집착을 벗어난 자는 사나운 물결에 휩쓸리지 않고 속박을 받지 않으며 두려움을 모르고 사모하여 애태우는 일이 없다.

949 과거에 있었던 것〔번뇌〕을 쓸어버리고, 미래에는 그대에게 아무것도 없도록 하라. 현재에도 아무것도 집착하지 않는다면 그대는 편안하게 되리라.

950 명칭과 형태에 대하여 자기 소유라는 생각이 전혀 없는 자와 또한 (무엇인가가) 없다 하여 걱정하지 않는 자—그는 실로 세상에서 늙지 않는다.

951 '이것은 내 것이다' 또는 '저것은 다른 사람 것이다' 하는 생각이 없는 자— 이렇게 (내 것이라는) 관념이 없기 때문에 자기에게 '없다' 하여 걱정하는 일이 없다.

952 질시하는 일이 없고 탐내는 일이 없으며, 마음이 흔들려 괴로워하는 일이 없으니, 그는 만물에 대하여 평등하다. 두려워하지 않는 자에 대하여 묻는 자가 있으면 나는 그의 아름다운 점을 말하리라.

953 지혜를 가진 자는 마음이 흔들려 괴로워하는 일이 없고

어떠한 작위作爲도 있을 수 없다. 그는 노작勞作에서 벗어나 가는 곳마다 안온을 본다.

954 성자는 자기가 동등한 자들 속에 있다거나 열등한 자 또는 우월한 자들 속에 있다고 생각하지 않는다. 그는 평안에 돌아가 인색하지 않으며 취하지도 않고 버리지도 않는다.

16. 사리푸타

955 존자尊者 사리푸타가 말했다.

"저는 아직 본 일도 없고 들은 일도 없습니다―이렇게 언어가 아름답고 대중의 주인이신 스승(부처님)께서 투시타(Tusita)[13] 하늘에서 내려오신 것을.

956 눈 있는 자(부처님)께서는 신들과 세상사람들이 보는 것처럼, 일체의 암흑을 없애고 홀로 (법의) 즐거움을 가지십니다.

957 걸림이 없고 거짓을 모르는 자로서, 이 세상에 태어나신 스승 · 눈뜬 자(부처님)이시여, 사슬에 매인 자들을 위해 여쭙고자 여기에 왔습니다.

958 수행자比丘는 세상이 싫어, 사람이 없는 한적한 곳이나 나무 아래, 또는 묘지를 사랑하고, 산속이나 동굴 안에 거주하며,

───────────────

13 도솔천(兜率天)이라고도 씀.

959 그 밖의 여러 먼 곳에 거처하고 있습니다. 그곳은 대단히 무섭고 아무 소리도 들리지 않는 한적한 곳이지만 수행자는 이를 두려워해서는 안 됩니다.

960 또 아무도 가본 일이 없는 곳에 발을 옮길 땐 커다란 위태로움이 따르지만, 수행자는 어떤 산간벽지에 거주해도 그 어려움을 극복해야 합니다.

961 열심히 노력하는 수행자에게는 어떤 말이 입에서 흘러나와야 됩니까? 여기서 그는 어디까지 행동할 수 있습니까? 그가 지키는 계율이나 서약은 어떤 것입니까?

962 마음을 안정시켜 바른 생각을 하고 있는 현자는, 어떤 가르침에도 마치 쇠붙이를 다루는 자가 은덩어리의 때를 벗기듯, 자기에게 물든 때를 씻어버릴 수 있습니까?"

963 스승께서 대답하셨다.

"사리푸타여, 세상이 싫어 사람이 없는 곳에 거처하며 도를 깨치려는 자가 즐기는 경지와 법을 좇아서 행동하는 데 대하여 내가 알고 있는 것을 그대에게 말하리라"

964 바른 정신으로 분수를 지키는 현명한 수행자는 다섯 가지의 공포에 떨어서는 안 된다. 즉 쇠파리 · 모기 · 파충류(뱀)와 못된 인간(도둑) 그리고 네 발 가진 짐승들이다.

965 이교도들을 받들거나 두려워해서는 안 된다. 비록 갖가지 사나운 점이 보인다 해도—선善을 추구하여 이러한 위험한 재난을 극복하라.

966 병이나 굶주림, 추위와 더위도 견뎌야 한다. 집 없는 자

가 비록 이런 것의 침입을 받는다 해도 용기를 내어 굳세게 나가야 한다.

967 도둑질하지 마라. 거짓말하지 마라. 약하고 강한 모든 (살아 있는) 것에 자비심을 가지고 대하라. 마음이 엇갈릴 때에는 '악마의 무리'라 생각하고 이를 제거하라.

968 분노와 교만에 지배되지 마라. 이것들에 지배되지 말고 그 뿌리를 뽑아버려라. 또한 쾌·불쾌도 극복해야 한다.

969 지혜를 제일 소중히 여기고 선을 즐기며, 이에 따르는 위험과 재난을 이겨라. 음침한 곳에 눕는 불쾌함을 견디라. 다음에 말하는 네 가지 걱정을 감당하라.

970 즉 '나는 무엇을 먹을까?' '나는 어디서 먹을까?' '(어젯밤처럼) 잠자리가 불편하지 않을까?' '나는 오늘 어디서 잘까?' 집을 버리고 도를 숭상하는 자는 이 네 가지의 걱정을 억제하라.

971 적당한 시기에 음식과 의복을 얻고 (적은 양에도) 만족하기 위해 그 (의식[衣食]의) 양을 알라. 먹고 입는 데 대하여 스스로 억제해야 하며, 겸허한 마음으로 마을을 돌아다닐 것이다. 비록 욕설을 듣는 일이 있더라도 난폭한 대꾸를 해서는 안된다.

972 눈을 아래로 돌리고 (생물을 밟지 않기 위하여), 배회하는 일이 없이 생각을 바로잡아 완전히 깨어 있으라. 마음을 가라앉히고 정신을 안정시켜 잡념과 욕망과 회한을 끊으라.

973 다른 사람으로부터 충고를 들었을 때에는 반성하고 감

사해야 한다. 그리고 수행하는 자들에게는 부당한 마음을 갖지 말고 좋은 말로 대하라. 그때 온당치 못한 말을 해서는 안 된다. 사람들을 헐뜯을 생각을 갖지도 마라.

974 이 세상에는 다섯 가지 티끌[14]이 있는데 주의깊은 사람은 그것을 억제할 방도를 배우라. 즉 빛깔·소리·맛·향기·감촉에 대한 욕망을 극복하라.

975 수행승은 정신을 가다듬고, 완전히 이런 것에 대한 욕심을 억제하라. 늘 그에 합당한 법을 바로 살펴 마음을 통일하여 암흑을 없애라."

스승께서 이같이 말씀하셨다.

---

14 후세의 일반불교학에서 말하고 있는 육경(六境:色·聲·香·味·觸·法)에서 법이 빠진 다섯 가지. 초기 불교의 관념으로 봄.

제5편

피안에 이르는 길

1. 머리말

976 베다에 밝은 한 바라문(바바린)은 아무것도 갖지 않은 [無所有] 경지에 이르고자 코살라족의 아름다운 도시(사바티)에서 남국으로 내려왔다.

977 그는 앗사카와 아리카 두 나라의 중간 지역을 흐르고 있는 고다바리 강변에서 살고 있었다.―이삭을 줍고 나무 열매를 먹으며.

978 그 강변 가까이에 커다란 마을이 하나 있었다. 그곳에서 얻은 수익으로 그는 큰 제사를 지냈다.

979 그가 제사를 마치고 자기의 암자로 돌아왔을 때 어떤 바라문 한 사람이 찾아왔었다.

980 발은 부르트고 목은 말라 헐떡일 뿐 아니라, 이[齒]는 더럽고 머리에는 먼지를 뒤집어쓴 채 (암자에 있는) 바바린에게 가까이 와 오백금을 구걸했다.

981 바바린은 그를 보자 자리를 권하며 그의 안부를 물은 다음 다음과 같이 말했다.

982 "내가 가지고 있는 물건은 이미 다 주었지요. 바라문이여, 미안하지만 내게는 오백금이 없습니다."

983 "내가 구걸하는데도 그대가 주지 않는다면 앞으로 7일 후 그대의 머리가 깨어져 일곱 조각이 될 것이오."

984 거짓말을 한 그(바라문)는 (주문을 외며) 무서운 저주를 하였다. 그 말을 들은 바바린은 고뇌에 빠졌다.

985 그는 걱정의 화살을 맞고 나서 음식도 먹지 않고 수심에 잠겨 마음의 안정을 찾을 수 없게 되었다.

986 바바린이 두려움에 사로잡혀 고뇌에 빠져 있는 것을 보고 (암자를 지키는) 여신이 그의 곁에 다가와서 이렇게 말했다.

987 "그는 머리를 알지 못한다. 그는 재물을 구하는 사기한詐欺漢이다. 그는 머리도, 또 머리가 떨어지는 일도 모르고 있다."

988 "그럼 당신께선 알고 계시군요. 묻고자 하오니, 머리와 또 머리가 떨어지는 일이 무엇인지 저에게 가르쳐주시겠습니까? 나는 당신의 이야기를 듣고자 합니다."

989 "나도 그것은 모른다. 그것에 대한 지식이 나에겐 없다. 머리와 또 머리가 떨어지는 일은 여러 승자(부처님)께서 알고 있다."

990 "그렇다면 이 세상에서 머리와 또 머리가 떨어지는 일을 누가 알고 있습니까? 여신이여, 그것을 제게 말씀해 주십시오."

991 "카필라바투 도시에서 온 세계의 지도자(부처님)가 있다. 그는 감자왕甘蔗王의 후예며, 석가족의 아들로서 세상을 비추고 있다.

992 바라문이여, 그는 실로 눈뜬 자로 모든 사물에 통달하여 일체의 신통력을 갖고, 모든 것에 대한 눈을 가졌다. 모든 것을 소멸하여 번뇌를 없애 해탈하고 계시다.

993 그는 눈뜬 자며 존귀하신 스승이요, 바른 눈을 가지신 자로서, 이 세상에서 법을 설한다. 그대가 그곳에 가 물으면 그에 대한 해답을 얻으리라."

994 눈뜬 자라는 말만 듣고도 바바린은 환희에 휩싸였다. 그는 근심이 얕아졌다. 그는 커다란 기쁨을 얻었다.

995 바바린은 기쁨과 환희와 감동에 차서 여신에게 물었다.

"세상의 주인은 어느 마을, 어느 거리, 어느 부락에 계십니까? 거기 가서 저는 최상의 정각자正覺者에게 경배하겠습니다."

996 "승자, 지혜가 풍부한 자, 총명한 자, 무거운 짐을 내린 자, 때묻지 않은 자, 머리가 떨어지는 것을 알고 계시는 자, 우왕牛王과 같은 자인 석가족의 아들, 그는 코살라의 도시 사바티에 계시다."

997 이리하여 그는 (베다에) 통달한 여러 제자 바라문들에게 말했다.

"오라, 제자들이여, 그대들에게 알리노니 내 말을 들으라.

998 세상에 나타나기 힘든 저 희귀한 눈뜬 자, 이름 높은 자가 지금 이 세상에 나타나셨다. 그대들은 어서 사바티에 가서 그 최상의 분을 찾아뵙도록 하라."

999 "그러면 (스승) 바바린이시여, 그를 뵙고 우리가 어떻게 그가 '눈뜬 자'임을 알 수 있는지 가르쳐주십시오. 우리는 알지 못합니다."

1000 "여러 베다〔神呪〕 속에 서른두 가지의 완전한 위인의

상이 전해져 오고, 이에 대하여 차례로 설명되어 있다.

1001　몸에 이러한 서른두 가지의 상이 있는 자—그에게는 두 가지 앞길이 있을 뿐, 제3의 길은 없다.

1002　만일 그가 집에 머물러 있게 되면, 이 대지를 정복할 것이다. 형벌이나 무기로 다스리지 않고 법으로 통치한다.

1003　만일 그가 집을 버리고 나오면, 덮여진 모든 것이 열려 최상의 눈뜬 자로서 존경을 받게 된다.

1004　내가 태어난 해[年]와 내 성姓과 특수한 상 그리고 베다와 제자들과 머리와 머리가 떨어지는 것이 무엇인가를 그에게 진심으로 물으라.

1005　만일 그가 보는 데 아무 장애도 없는 부처님이라면 진심으로 묻는 질문에 대답할 것이다.”

1006　바바린의 말을 듣고 제자인 16명의 바라문—아지타, 텃사 메테이야 푼나카, 그리고 메타구,

1007　도타카, 우파시바, 난다, 헤마카, 토데야, 캅파, 현자 자투칸닝,

1008　바드라우다, 우다야, 포사라 바라문과 지자智者 모가라자, 선인 핑기야—

1009　그들은 저마다 각각 여러 신도들을 거느리고 있었으며, 온 세상에 이름을 떨치고 정신을 안정시킨 자들로서, 마음의 평안을 즐기고 현명하며, 선을 쌓은 자들이다.

1010　그들은 머리를 길러 묶고 염소가죽을 몸에 걸친 다음, 모두 바바린에게 오른쪽으로 돌아 예배하고 북쪽으로 떠났다.

1011 그리하여 무라카의 수도 파티타나에 이르러, 거기서 옛 마힛사티로 또 우제니, 고낫다, 베디사, 바나사라라는 곳으로.

1012 그리고 다시 코삼비, 사케타, 사바티(부처님은 이때 다른 곳으로 떠나 있었기 때문에)로 갔다. 그리고 다시 세타비야, 카필라바투, 쿠시나라의 도시로 (이르렀다).

1013 다시 향락의 도시 파바에 갔다가 베사리를 거쳐 마가다의 도시 라자그리하〔王舍城〕로, 거기서 다시 쾌적한 석묘石廟에 이르렀다.

1014 목마른 자가 냉수를 찾듯, 또한 상인이 큰 이익을 원하듯, 무더위에 지친 자가 나무그늘을 찾듯이, 그들은 급히 (존귀하신 스승 부처님이 계신) 산으로 올라갔다.

1015 존귀하신 스승께서는 그때 여러 승려들의 존경을 받으며, 사자가 숲속에서 포효하듯 수행승에게 설법하고 계셨다.

1016 빛을 비추는 태양 같은, 둥그런 보름달 같은 눈뜬 자를 아지타는 보았다.

1017 그때 (아지타는) 스승(부처님)의 몸에 원만한 형상이 있는 것을 보고 기꺼이 한쪽에 서서 진심으로 (부처님께) 여쭈었다.

1018 "(저희들의 스승 바바린이) 태어난 때〔年〕, 성姓, 형상 그리고 얼마나 베다에 통달해 있는가에 대하여 말씀해 주십시오. (스승은) 제자(바라문)를 몇 사람이나 가르치고 있는지 말씀해 주십시오."

1019 "그의 나이는 백이십 세고 성은 바바린이며, 몸에 세 가지 특상이 있고, 세 베다의 깊은 뜻에 통달해 있다.

1020 위인의 특상特相과 전설, 의례의 규정에 통달하고 오백 명(의 제자)을 가르치며, 자신의 진리의 극치에 도달해있다."

1021 "애착을 끊어버린 최상의 분이시여, 바바린이 가지고 있는 온갖 특상을 자세히 설명해 주십시오. 저로 하여금 의심이 생기지 않도록 해주십시오."

1022 "그는 혀로 자기의 얼굴을 가릴 수 있다. 두 눈썹 사이에 길다란 흰 털이 있고 그의 음부는 감추어져 있다. 그(그의 특상)는 이러하다."

1023 질문하는 자가 아무것도 묻지 않았는데 (부처님께서) 대답하시는 것을 듣고, 모든 사람들은 감격하여 합장하고 생각에 잠겼다──

1024 '그는 어떤 사람일까? 신일까, 범천일까, 또는 수자의 남편인 제석천일까?' 이렇게 마음속으로 생각했다. '도대체 누구에게 답하신 걸까?'

1025 바바린은 머리와 머리가 떨어지는 데 대하여 질문했다.

"스승이시여, 그것을 설명해 주십시오. 선인이시여, 저희들의 의혹을 풀어주십시오."

1026 고타마 붓다께서 대답하셨다.

"무명無明이 머리임을 알라. 신앙과 생각과 선정禪定, 욕심과 노력에 결부되어 있는 밝은 지혜[明知]가 머리를 떨어지게 하는 것[1]이다."

1027 이에 바바린은 크게 감격하여 어쩔 줄을 몰랐다. 그리고 염소가죽으로 만든 옷을 한쪽 어깨에 걸치고 (부처님의) 두 발 밑에 엎드려 머리를 숙이고 경배했다.

1028 아지타가 말했다.

"존귀하신 분이시여, 바라문 바바린은 여러 제자들과 더불어 기쁜 마음으로 존귀하신 스승(부처님)의 발 아래 경배합니다. 눈을 가지신 이여."

1029 부처님께서 대답하였다.

"바바린 바라문은 여러 제자들과 더불어 안락을 누리라. 그리고 아지타여, 그대도 또한 안락을 누리라. 그리고 오래 살아라.

1030 바바린이나 그대에게서 모든 의문이 사라졌으리라. 마음속에 묻고 싶은 것이 있으면 물으라."

1031 눈뜬 분(부처님)께서 (질문을) 허락하셨으므로 아지타는 합장하고 앉아서 완전하신 분(부처님)에게 제1의 질문을 드렸다.

---

1 불교 이전의 바라문교에서는 분수를 넘어 논의하는 사람, 부당한 일을 하는 사람은 머리가 떨어진다고 생각했음.

2. 바라문 아지타의 질문

1032 아지타 장로[尊者]가 말했다.

"세상은 무엇으로 덮여 있습니까? 세상은 무엇 때문에 빛나지 않습니까? 세상을 더럽히는 것은 무엇입니까? 세상의 커다란 공포는 무엇입니까? 그것을 말씀해 주십시오."

1033 스승(부처님)께서 대답하셨다.

"아지타여, 세상은 무명으로 덮여 있다. 세상은 탐욕과 태만으로 하여 빛나지 않는다. 욕심이 세상을 더럽힌다. 고뇌가 세상의 큰 두려움이라고 나는 말한다."

1034 아지타가 말했다.

"번뇌의 흐름은 어느 곳에나 스며듭니다. 그 흐름을 그치게 하는 것은 무엇입니까? 그 흐름을 방지하는 것은 무엇입니까? 그리고 그 흐름은 무엇으로 막을 수 있습니까?"

1035 스승께서 대답하셨다.

"아지타여, 세상에서 모든 번뇌의 흐름을 그치게 하는 것은 정신을 올바로 갖는 데 있다. 그것(정신을 올바로 가지는 것)이 번뇌의 흐름을 방지한다. 내가 말하노니, 그 흐름은 지혜로 막을 수 있다."

1036 아지타가 말했다.

"지혜와 정신을 올바로 가지는 것은 어떤 경우에 소멸되며, 명칭과 형태는 어떤 경우에 소멸됩니까? 그것을 말씀해 주십시오."

1037 "아지타여, 그대가 질문한 것에 답하리라. 식별작용을 없앰으로써 명칭과 형태가 소멸된다."

1038 "이 세상에는 진리를 탐구하여 밝힌 자들도 있고 또 일을 배우는 자들도 있으며, 그 밖에 범속한 자들도 있습니다. 현자여, 그들이 행동에 대하여 말씀해 주십시오. 벗〔智者〕이여."

1039 "수행승은 갖가지 욕망에 탐닉해서는 안 된다. 또 마음이 흐려져서도 안 된다. 모든 사물의 진상에 통달하여 정신을 차리고 편력하라."

3. 바라문 팃사 메테이야의 질문

1040 팃사 메테이야가 말했다.

"이 세상에서 만족하고 있는 자는 누구입니까? 동요되지 않는 자는 누구입니까? 두 극단을 잘 알아 이를 깊이 생각하여, 그 (양극단)에도 중간에도 때묻지 않은 자는 누구입니까? 누구를 위인이라고 부를 수 있습니까? 이 세상에서 만나는 여자(번뇌)를 초월한 자는 누구입니까?"

1041 스승께서 대답하셨다.

"메테이야여, 갖가지 욕망에 대해서 깨끗한 행을 지키고 애착을 떠나 언제나 정신을 바로 가지고 사물을 밝게 보고 평안에 이른 수행자—그에게는 흔들림이 없다.

1042 그는 두 극단을 잘 알아 이를 깊이 생각하여, 그(극단)에도 중간에도 때묻지 않는다. 나는 그를 위인이라 부른다. 또한 그는 이 세상에서 만나는 여자(번뇌)를 초월해 있다."

4. 바라문 푼나카의 질문

1043 푼나카가 말했다.

"동요되지 않고 근본을 달관하신 당신께 묻고자 여기 왔습니다. 선인仙人이나 상인常人, 왕족이나 바라문은 어찌하여 신들에게 희생의 제물을 바칩니까? 스승이시여, 당신께 묻습니다. 이를 저에게 말씀해 주십시오."

1044 스승께서 대답하셨다.

"푼나카여, 무릇 선인이나 상인, 왕족이나 바라문이 세상에서 널리 신들에게 희생의 제물을 바치는 것은, 현재의 이러한 생존상태를 희망한 나머지 노쇠가 염려되어 그런 제물을 바치는 것이다."

1045 푼나카가 말했다.

"스승이시여, 세상에서 선인이나 상인, 왕족이나 바라문들은 널리 신들에게 희생의 제물을 바치고 제사를 게을리하지 않았는데, 생과 노쇠를 초월했습니까? 임[2]이시여, 묻겠습니다.

---

2 원어 māriso(mādrsa의 전화[轉化]). '친애(親愛)'라는 뜻. 영어의 my dear 와 같음.

그것을 저에게 말씀해 주십시오."

1046 스승께서 대답하셨다.

"푼나카여, 그들은 희망하고 칭찬하며[3] 열망하여 공물을 바친다. 이득을 얻어 욕망을 달성하려고 하는 것이다. 희생의 제물을 드리는 일에만 염두에 두고 몰두하는 자는 이 세상의 생존을 탐하기를 그치지 않는다. 그들은 생과 노쇠를 초월하지 못했다."

1047 푼나카가 말했다.

"만일 희생의 제물을 드리는 일에만 전념하는 그들이 제사로 해서 생과 노쇠를 초월하지 못한다면, 임이시여, 신들과 인간의 세상에서 생과 노쇠를 초월한 자는 누구입니까? 스승이시여, 당신께 묻습니다. 그것을 제게 설명해 주십시오."

1048 스승께서 대답하셨다.

"푼나카여, 세상에서 이런저런 (상태의) 모든 것을 구명하여 아무것에도 흔들리는 일이 없고, 평안에 돌아가, 연기[4]도 고뇌도 욕망도 없는 자―그는 생과 노쇠를 초월했다고 나는 말한다."

5. 바라문 메타구의 질문

1049 메타구가 말했다.

---

3 제사·제례 때, 과보(果報)·보시를 받았을 때 바라문을 칭찬함을 말함.
4 악행(惡行), 분노를 말함.

"스승이시여, 당신께 묻습니다. 이것을 제게 말씀해 주십시오. 당신께서는 베다에 통달하신 분, 마음을 깨끗이 닦은 분으로 생각하고 있습니다. 이 세상의 갖가지 괴로움은 대체 어디서 나타나는 것입니까?"

1050 스승께서 대답하셨다.

"메타구여, 그대는 내게 괴로움이 생기는 원인을 물었다. 나는 그대에게 내가 알고 있는 바를 말하리라. 이 세상의 갖가지 괴로움은 집착에서 생긴다.

1051 실로 알지도 못하면서 집착하는 자는 우둔하여 괴로움을 거듭한다. 때문에 아는 바가 있고 괴로움이 일어남을 관찰하는 자는 집착을 가져서는 안 된다.

1052 "저희가 당신께 여쭈어본 것에 대하여 잘 말씀해 주셨습니다. 이제 또 하나 여쭙고자 합니다. 어떻게 하면 현자들은 번뇌의 흐름과 생과 노쇠, 근심과 슬픔에서 벗어날 수 있습니까? 성자이시여, 원하건대 그것을 저희들에게 말씀해 주십시오. 당신께서는 이에 대한 법칙을 알고 계시기 때문입니다."

1053 스승께서 대답하셨다.

"메타구여, 이승에 전해져 있지 않은 그 법칙을 내가 그대에게 설명하리라. 그 법칙을 알고, 명심해서 행하고 이 세상의 집착에서 벗어나라."

1054 "위대하신 선인이시여, 저는 그 최상의 법칙에 대한 가르침을 받은 것이 무한히 기쁩니다. 그 법칙을 알고 명심하고 행하여 이 세상의 집착에서 벗어나겠습니다."

1055 스승께서 대답하셨다.

"메타구여, 상하좌우 그리고 중간을 막론하고 그대가 아는 어떤 것이라도 그것에 대한 기쁨과 집착과 식별을 제거하여 변화하는 생존상태에 머물지 마라.

1056 이렇게 하여 정신을 차려서 꾸준히 노력하는 수행자는 자기 소유라고 고집하던 것을 버리고 생과 노쇠와 근심과 슬픔마저 버리고 지혜로운 자가 되어, 이 세상에서 괴로움을 벗어나리라."

1057 "위대하신 선인의 말씀을 들으니 기쁘기 짝없습니다. 고타마시여, 번뇌의 요소가 없는 경지를 잘 말씀해 주셨습니다. 스승께서는 분명히 괴로움을 버리셨습니다. 당신께서는 이 법칙을 확실히 알고 계십니다.

1058 성자이시여, 당신께서 간절히 가르치시고 이끌어주신 자들은 괴로움을 버리게 되리라고 믿습니다. 용(龍)이시여, 저는 당신 가까이서 경배하려 합니다. 스승이시여, 저를 가르쳐 주시고 이끌어주십시오."

1059 "아무것도 갖지 않고 욕망으로 가득한 생존에 집착하지 않는 바라문, 베다에 통달했다고 그대가 알고 있는 자── 그는 분명히 이 번뇌의 흐름을 건너갔다. 그는 피안에 도달하여 마음이 거칠지 않으며, 의혹도 없다.

1060 또한 그는 이 세상에서는 지혜로운 자며, 베다에 통달하여 갖가지 생존에 대한 집착을 버리고, 애착을 떠나 고뇌를 모르며 바라는 것도 없다. 그는 생과 노쇠를 초월했다고 나는

말한다."

6. 바라문 도타카의 질문

1061 도타카가 말했다.

"스승이시여, 당신께 여쭙겠습니다. 저에게 말씀해 주십시오. 위대하신 선인仙人이시여, 저는 당신의 좋은 말씀을 듣고자 합니다. 그리하여 열반에 대하여 배우고자 합니다."

1062 스승께서 대답하셨다.

"도타카여, 그럼 이 세상에서 현명하게 힘써 정진하라. 이 (내 입에서 나오는) 말을 듣고 자기의 평안을 배우라."

1063 "저는 신들과 인간의 세계에서 아무것도 지니지 않은 바라문을 알고 있습니다. 세상을 널리 보살피는 분이시여, 저는 당신께 경배하오니, 석가시여, 저로 하여금 갖가지 의혹에서 떠나게 해주십시오."

1064 "도타카여, 나는 세상에서 의혹을 갖고 있는 자는 누구든 해탈시킬 수 없다. 다만 그대가 최상의 진리를 알며 그것으로 해서 그대는 이 번뇌의 흐름을 건너가게 되리라."

1065 "바라문이시여[5], 자비를 베푸셔 속세를 멀리하는 진리를 가르쳐주십시오. 저는 그것을 알아야겠습니다. 저는 허공처럼 복잡한 삼라만상을 나타내지 않고 이 세상에서 고요하게 걸

5 여기서는 부처님을 그렇게 부르고 있음.

림이 없이 행하겠습니다."

1066 스승께서 대답하셨다.

"도타카여, 이 세상에서 전해 내려오지 않은 이 평안에 대하여 그대에게 설명하리라. 그것을 알고 명심해서 행하여 이 세상의 집착에서 초월하라."

1067 "위대하신 선인이시여, 저는 최상의 평안에 대한 가르침에 대해 한없이 기쁘게 생각합니다. 이를 명심하고 행하여 세상의 집착에서 벗어나겠습니다."

1068 스승께서 대답하셨다.

"도타카여, 상하좌우 그리고 중간을 막론하고 그대가 알고 있는 무엇이든 그것은 세상의 집착임을 알고 이것저것 생존에 대한 애착을 가져서는 안 된다."

7. 바라문 우파시바의 질문

1069 우파시바가 말했다.

"석가시여, 저는 아무것에도 의존하지 않고 혼자서 번뇌의 큰 강을 건너갈 수 없습니다. 제가 이 강을 건너갈 수 있는 발판에 대하여 말씀해 주십시오. 널리 보시는 분이시여."

1070 존귀하신 스승께서 대답하셨다.

"우파시바여, 힘써 아무것도 갖지 않을 것〔無所有〕을 원하며, '거기에는 아무것도 없다'고 생각함으로써 번뇌의 강을 건너가

라. 갖가지 욕망을 버리고 모든 의혹을 떠나, 애착의 소멸을 밤낮으로 살피도록 하라."

1071 우파시바가 말했다.

"일체의 욕망에 대한 탐함에서 떠나 무소유의 견지에서 모든 것을 버리고 최상의 유상해탈[6]에서 해탈한 자―그는 태만하지 않고 거기 안주할 수 있습니까?"

1072 스승께서 대답하셨다.

"우파시바여, 일체의 욕망에 대한 탐함에서 떠나 무소유의 견지에서 모든 것을 버리고 최상의 유상해탈에서 해탈한 자―그는 물러서는 일 없이 거기 안주하게 되리라."

1073 "널리 보시는 분이시여, 만일 그가 물러서지 않고 여러 해 동안 거기에 머문다면, 그는 해탈하여 청량하게 되겠습니까? 또 그러한 자의 식별작용은 존재하는 것입니까?"

1074 스승께서 대답하셨다.

"우파시바여, 마치 강한 바람에 날려간 불길은 이미 소멸되어 (불이라) 말할 수 없듯이 성자는 명칭과 육신[7]에서 해탈하여 멸했으니 이미 (생존하는 자라) 볼 수 없다."

1075 "멸해 버린 그는 이미 존재하지 않습니까? 아니면 상주常住해 무병無病합니까? 성자이시여, 그것을 제게 설명해 주십시오. 당신께선 이법을 잘 알고 계시지 않습니까?

1076 스승께서 대답하셨다.

---

6 칠등지(七等至) 중에서 가장 윗것인 무소유처정(無所有處定)을 가리킴.
7 다른 데선 '명칭과 형태'로 적고 있음. 이는 정신과 육체를 말함.

"우파시바여, 멸해 버린 자에게는 이를 헤아릴 기준이 없다. 그를 무어라 말할 근거가 없다. 모든 것이 다 단멸되었을 때 논의의 여지는 없는 것이다."

8. 바라문 난다의 질문

1077 난다가 말했다.

"세상에는 여러 성자가 있다고 세상사람들은 말합니다. 이것은 어찌 된 일입니까? 세상사람들은 지혜를 갖춘 자를 성자라 부릅니까, 아니면 생활이 갖추어진 자를 성자라 부릅니까?"

1078 부처님께서 대답하셨다.

"난다여, 세상에서 진리에 통달한 자는 그 견해나 학설, 또는 지식으로 해서 성자라 하지 않는다. (번뇌의) 악마를 무찔러 고뇌가 없고, 원하는 바가 없이 행동하는 자를 성자라고 나는 말한다."

1079 난다가 말했다.

"대개 이런 도를 닦는 바라문들은, 견해나 학문으로 청정해질 수 있다고 말합니다. 계약이나 서약으로도 깨끗해질 수 있다고 말합니다. 이처럼 갖가지 방법으로도 청정해질 수 있다고 합니다. 스승이시여, 그들은 그러한 견지에서 스스로 억제하며 행동하지만 과연 생과 노쇠를 초월할 수 있습니까? 친애하는 스승이시여, 당신께 여쭙겠습니다. 이에 대하여 저에게 가르쳐

주십시오."

1080 스승(부처님)께서 대답하셨다.

"난다여, 도를 닦는 바라문들은 견해로 해서 청정해지고 학문의 계승으로도 청정해진다고 말한다. 그리고 계율이나 서약으로도 청정해질 수 있다고 말한다. (이 밖의) 갖가지 방법으로도 청정해질 수 있다고 말한다. 그러나 그들은 그런 생각에서 스스로 억제하며 행동하고 있다 하더라도 생과 노쇠와 죽음을 초월하는 것은 아니라고 나는 말한다."

1081 난다가 말했다.

"도를 닦는 바라문들은 그 견해나 학식으로 청정해질 수 있다고 말합니다. 계율이나 서약으로도 청정해질 수 있다고 말합니다. 그 밖의 갖가지 방법으로도 청정해질 수 있다고 말합니다. 성자이시여, 만일 당신께서 '그들은 아직 번뇌의 강을 건너지 못했다'고 말씀하신다면 그렇다면 신들과 인간의 세계에서 생과 노쇠를 초월한 자는 누구입니까? 스승이시여, 당신께 여쭙겠습니다. 저에게 말씀해 주십시오."

1082 스승께서 대답하셨다.

"난다여, 나는 '도를 닦는 바라문들이 모두 생과 노쇠에 싸여 있다'고 말하는 것이 아니다. 이 세상에서 견해나 학문이나 사색 그리고 계율과 서약을 버리고, 그 밖의 갖가지 것을 다 버리고 애착을 분명히 버리고 통찰해 마음에 때묻지 않은 자―그들은 실로 '번뇌의 강을 건너간 자들'이라고 나는 말한다."

1083 "위대하신 선인의 말씀을 듣고 저는 무한히 기쁘게 생

각합니다. 고타마시여, 번뇌의 근심이 없는 경지에 대해 저에게 말씀해 주셨습니다. 이 세상에서 견해나 학문이나 사색 그리고 계율이나 서약을 모두 버리고, 그 밖의 갖가지 것을 다 버리고 애착을 분명히 통찰하여 마음에 때묻지 않은 자들—그들은 실로 '번뇌의 강을 건넌 자들'이라고 저도 생각합니다."

9. 바라문 헤마카의 질문

1084 헤마카가 말했다.

"일찍이 고타마 이전에 살고 있던 옛 사람들은 '이전에는 이러했다' '미래에는 이러할 것이다'고 저에게 설명하셨는데, 이들은 다 한낱 전해 내려오는 이야기에 지나지 않았습니다. 그리고 사색의 혼란을 일으킬 따름이었습니다.

1085 저는 이러한 말을 기쁘게 여기지 않았습니다. 성자이시여, 애착을 버리는 방법을 말씀해 주십시오. 이를 명심하고 행하여 세상 집착에서 벗어나려 합니다."

1086 스승께서 대답하셨다.

"헤마카여, 이 세상에서 보고 듣고 생각하고 식별한 아름다운 사물에 대하여 탐욕을 없애는 것이 영원한 열반의 경지다.

1087 이를 분명히 알고 명심하여 이승에서 번뇌로부터 완전히 떠난 자들은, 언제나 평안에 돌아가 있다. 세상의 애착을 초월한 것이다."

10. 바라문 토데야의 질문

1088 토데야가 말했다.

"온갖 욕망에 물들지 않고 애착이 없으며, 온갖 의혹을 벗어난 자—그는 어떤 해탈을 구하면 좋겠습니까?"

1089 스승께서 대답하셨다.

"토데야여, 온갖 욕망에 물들지 않고 애착이 없으며, 온갖 의혹을 벗어난 자—그에게는 달리 해탈이 없다."

1090 "그는 바람이 전혀 없습니까? 그렇지 않으면 무언가를 희망합니까? 그는 지혜가 있습니까? 아니면 지혜로 무언가를 꾸미는 자입니까? 석가시여, 그가 성자임을 제가 알 수 있도록 말씀해 주십시오. 널리 보시는 분이시여."

1091 "그는 아무 바람도 없는 자다. 아무것도 희망하지 않는다. 그는 지혜가 있지만 지혜로 무언가를 꾸미지는 않는다. 토데야여, 성자는 이러한 자임을 알라. 그는 아무것도 갖지 않고, 욕망으로 생존에 집착하지 않는다."

11. 바라문 캅파의 질문

1092 캅파가 말했다.

"무서움이 극에 달하도록 거센 흐름이 밀려왔을 때 호숫가에 있는 자들, 노쇠와 죽음에 억눌려 있는 자들을 위한 피난처를 말씀해 주십시오. 당신은 이러한 것(괴로움)이 다시 일어나지 않을 피난처를 제게 보여주십시오."

1093 스승께서 대답하셨다.

"캄파여, 무서움이 극에 달하도록 무서운 흐름이 밀려왔을 때, 호숫가에 있는 사람들, 노쇠와 죽음에 억눌려 있는 자들을 위해 피난처를 말하리라.

1094 아무런 소유도 없고 집착해 얻는 일이 없는 것—이것이 바로 피난처다. 또한 그것을 열반이라 부른다. 그것은 노쇠와 죽음의 소멸이다.

1095 이를 똑똑히 알고 명심하여 현세現世에서 번거로움을 완전히 떠난 자들은 악마에게 정복되지 않는다. 따라서 그들은 악마의 노예가 되지 않는다."

12. 바라문 자투칸닝의 질문

1096 자투칸닝이 말했다.

"저는, 용사勇士로서 욕망이 없는 자가 있다는 말을 듣고, 거센 물결을 건넌 분(부처님)에게 '욕심이 없는 것'에 대하여 묻고자 여기 왔습니다. 평안의 경지에 대하여 말씀해 주십시오. 본래 눈이 있는 분이시여, 스승이시여, 그것을 있는 그대로 설명해 주십시오.

1097 존귀하신 스승께서는 온갖 욕망을 억제하고 사십니

다. 이는 마치 눈부신 태양이 그 빛으로 대지를 정복하는 것과 같습니다. 지혜 많으신 분이시여, 지혜가 부족한 저에게 설법해 주십시오. 저는 그것을 알고자 합니다. 이 세상에서 생과 노쇠를 버리는 일을."

1098 존귀하신 스승께서 대답하셨다.

"자투칸닝이여, 온갖 탐욕을 억제하라—떠나는 것〔出離〕이 평안임을 알라. 그대에게는 취할 것도 버릴 것도 있어서는 안 된다.

1099 과거에 있었던 것(번뇌)을 말려버려라. 미래에는 그대에게 아무것도 없게 하라. 중간(현세)에 있어서도 아무것에도 집착하지 않는다면 그대는 평안을 누리리라.

1100 바라문이여, 명칭과 형태에 대한 탐욕에서 완전히 떠난 자에게는 온갖 번뇌가 있을 수 없다. 그러므로 그는 죽음에 지배될 염려가 없다."

13. 바라문 바드라우다의 질문

1101 바드라우다가 말했다.

"집착의 근원을 버리고 애착을 끊어 동요되는 일이 없으며, 기쁨을 버리고 사나운 물결을 건너서 이미 해탈하여, 계략이 없는 현명한 당신께 원합니다. 용(부처님)의 말씀을 듣고 이곳에서 떠날 것입니다.

1102   용자시여, 당신의 말씀을 듣고자 많은 사람들이 여러 지방에서 모여들었습니다. 이들을 위해 좋은 말씀을 해주십시오. 당신께서 이법을 잘 알고 계십니다."

1103   존귀하신 스승께서 대답하셨다.

"바드라우다여, 상하좌우 그리고 중간을 막론하고 집착이나 애착을 모두 버리라. 이 세상에서 조금이라도 집착하는 것이 있으면, 그 때문에 악마가 따르게 된다.

1104   그러므로 수행자는 바르게 알고 명심해서 세상에 있는 어느 것에도 집착해서는 안 된다. 죽음의 영역에 애착을 느끼는 이런 사람들은 '집착하는 자들'임을 알라."

14. 바라문 우다야의 질문

1105   우다야가 말했다.

"티끌에서 떠나 앉아서 명상에 잠기며, 해야 할 일을 다하여 번뇌의 때를 벗고, 온갖 사물의 피안에 도달하신 스승께 묻고자 여기 왔습니다. 무명無明을 깨뜨리고 깨달음으로 해탈에 이르는 길을 말씀해 주십시오."

1106   존귀하신 스승께서 대답하셨다.

"우다야여, 애욕과 근심, 이 양자를 버리는 일, 우울한 마음을 없애는 일, 회한에 빠지지 않는 일,

1107   마음의 평정을 얻고 깨끗한 생각과 진리에 대한 사색

을 선행하는 일——이것이 무명을 깨뜨리고 깨달음으로 해탈하는 길이라고 나는 말한다."

1108 "세상사람들은 무엇 때문에 속박을 받게 됩니까? 무엇이 세상사람들을 움직이게 합니까? 무엇을 끊어버림으로써 평안(열반)이 있다고 말할 수 있습니까?"

1109 "세상사람은 즐거움에 속박되어 있다. 생각이 세상사람들을 움직이게 한다. 애착을 끊어버림으로써 평안이 있다고 말한다."

1110 "정신을 바로 가지고 행하는 자의 식별작용은 어떻게 없애게 됩니까? 그것이 알고 싶어 저는 여기까지 왔습니다. 이에 대하여 당신의 말씀을 듣고자 합니다."

1111 "안팎으로 감각에서 오는 것을 기뻐하지 않는 자——이처럼 정신을 바로 가지고 행하는 자의 식별작용은 없어지는 것이다."

15. 바라문 포사라의 질문

1112 포사라가 말했다.

"과거의 일들을 지적하여도 괴로움에 흔들리지 않고, 의혹을 끊어버리고 모든 사물의 피안에 도달하신 분(부처님)에게 묻고자 저는 여기 왔습니다.

1113 물질에 대한 상념을 떠나 육신을 송두리째 버리고 안

밖으로 '아무것도 존재하지 않음'을 통찰하는 자의 지혜에 대하여 여쭙고자 합니다. 석가시여, 그러한 자는 다시 어떻게 이끌어야 합니까?"

1114 존귀하신 스승께서 대답하셨다.

"포사라여, 모든 식별의 근원[8]을 분명히 알고 있는 완전한 자如來는 그가 존재하는 모습을 알고 있다. 즉 그는 해탈하여 이를 근거로 삼고 있음을 안다.

1115 무소유가 성립되는 이유, 즉 '기쁨은 속박임'을 알아 그것에 대해 조용히 관찰한다. 안정된 바라문에게는 이런 분명한 지혜가 있다."

16. 바라문 모가라자의 질문

1116 모가라자가 말했다.

"저는 일찍이 석가님을 두 번 찾아뵈었지만, 눈뜬 자(석가)께선 저에게 아무런 가르침도 주지 않으셨습니다. 그러나 '신선(석가)께서는 세번째에는 가르쳐주신다'고 저는 들었습니다.

1117 이 세상이나 저 세상, 또한 신들과 함께 있는 범천의 세계도 영예로우신 고타마의 견해를 모르고 있습니다.

1118 이렇듯 오묘하신 견자見者께 여쭙자 여기까지 왔습니

---

8 후대 불전의 한역에서는 '식주(識住)'라고 함.

다. 세상을 어떻게 관찰하는 자가 죽음의 왕에게 보이지 않을 수 있습니까?"

1119 스승께서 대답하셨다.

"항상 정신차려 고집하려는 견해를 버리고, 세상을 빈 것 〔空〕으로 보라. 그렇게 되면 죽음을 초월할 수 있다. 이렇게 세상을 보는 자를 죽음의 왕은 볼 수가 없다."

17. 바라문 핑기야의 질문

1120 핑기야가 말했다.

"저는 나이를 먹어 힘이 없고 빛도 쇠하였습니다. 눈도 어두워지고 귀도 잘 들리지 않습니다. 제가 방황하다가 그대로 죽는 일이 없도록 바른 이법을 가르쳐주십시오. 그것을 알고자 합니다.―이 세상에서의 생과 노쇠를 버리는 데 대하여."

1121 존귀하신 스승께서 대답하셨다.

"핑기야여, 물질적인 형태가 있기 때문에 사람들이 해를 입는 것을 볼 수 있고, 물질적인 형태가 있기 때문에 게으른 자는 (병으로) 괴로움을 받게 된다. 핑기야여, 그러므로 그대는 게으르지 말고 물질적 형태를 버리고, 다시는 생존상태로 돌아오는 일이 없도록 하라."

1122 "사방과 그 사이와 상하, 이런 시방十方 세계에서 당신에게 보이지 않고 들리지 않으며, 생각되지 않고 알려지지 않

은 것은 하나도 없습니다. 원하오니 설법해 주십시오. 이 세상
에서 생과 노쇠를 버리는 길을 저는 알고자 합니다."

1123 "스승께서 대답하셨다.

"핑기야여, 사람들은 애착에 빠지기 때문에 괴로움이 생기고
노쇠의 습격을 받게 된다. 그러므로 그대는 게으르지 말고 애착
을 버리고 다시는 생존상태로 돌아오는 일이 없도록 하라."

18. 열여섯 바라문의 질문을 맺는 말

존귀하신 스승(부처님)께서 마가다국의 파사나카 사당[廟]
에 계실 때 위와 같이 설법하시고, (바바린의) 제자인 열여섯
명의 바라문이 질문할 때마다 그 질문에 대해 대답하셨다. 그
질문의 하나하나에 그 뜻을 알고 이법을 알고 이법에 따라 실
천에 옮긴다면, 노쇠와 죽음의 피안에 이를 것이다. 이 가르
침은 피안에 이르게 하는 것이므로, 이 법문을 '피안에 이르는
길'이라 부른다.

1124 아지타, 팃사 메테이야, 푼나카, 메타구, 도타카, 우파
시바, 난다 그리고 헤마카,

1125 토데야, 캅파 두 사람과 현자 자투칸닝, 바드라우다,
우다야, 포사라 바라문과 현명한 모가라자, 그리고 위대한 선
인 핑기야—

1126 이들은 행이 갖추어진 선인이신 눈뜬 자(부처님)에게

가까이 다가갔다. 미묘한 질문을 하며 최상의 부처님을 가까이 했다.

1127 그들의 질문에 응하여 눈뜬 자께서는 있는 그대로 대답하셨다. 성자는 온갖 질문에 대하여 명확한 대답을 해주었기 때문에 여러 바라문들은 만족했었다.

1128 그리하여 태양의 후예이신 눈뜬 자, 눈 있는 분에게 만족을 느끼고, 뛰어난 지혜를 가지신 분(눈뜬 자) 곁에서 깨끗한 행을 닦았다.

1129 하나하나의 질문에 대하여 눈뜬 자의 말씀을 그대로 실천하는 자는 차안此岸에서 피안彼岸에 이를 것이다.

1130 최상의 길을 닦는 자는 차안에서 피안으로 갈 수 있을 것이다. 그것은 피안에 이르는 길이다. 그러므로 '피안에 이르는 길'이라고 이름한다.

1131 핑기야가 (바바린에게 돌아가 보고해) 말했다.

"'피안에 이르는 길'을 일러드리겠습니다. 티 없이 지혜가 많으신 분(부처님)께서 몸소 통찰하신 그대로 설법하셨습니다. 욕심이 없고, 번뇌의 숲이 없어진 분(부처님)께서 어찌 헛된 말씀을 하시겠습니까.

1132 때와 미망迷妄에서 벗어나 거만과 숨김을 버리신 분(부처님)에 대한 찬사를 자세히 말씀드리고자 합니다.

1133 바라문이시여, 암흑을 몰아내고 눈뜬 분, 널리 보시는 분, 세상 구극에 도달하신 분, 일체의 생존상태를 초월하신 분, 때묻지 않으신 분, 모든 괴로움을 버리신 분—그는 실로 눈뜬

분(부처님)이라고 부르기에 합당한 분이시며, 저도 그분을 가까이 모셨습니다.

1134 이는 새가 엉성한 숲을 버리고 과일이 많은 숲에 둥지를 틀듯, 저도 또한 소견이 좁은 자들을 떠나 백조처럼 큰바다에 도달했습니다.

1135 일찍이 고타마(부처님) 이전에 살고 있던 옛 사람들은 '과거에는 이러했다' '미래에는 이러하리라'고 저에게 설명하셨지만, 이는 한낱 전해 내려오는 이야기에 불과합니다. 그것은 사색의 혼란만 더할 뿐입니다.

1136 그는 번뇌의 암흑을 버리고 혼자 앉아, 눈부신 빛을 발산하고 계십니다. 고타마께서는 지혜가 많으신 분입니다. 고타마는 예지에 넘치는 분이십니다.

1137 그 즉시 효과가 있는, 시간을 기다릴 필요가 없는 법, 즉 번뇌를 모르는 애착의 소멸에 대하여 저에게 설명했습니다. 그와 견줄 자는 아무도 없습니다."

1138 바바린이 말했다.

"핑기야여, 그대는 지혜가 많은 고타마, 예지가 넘치는 고타마의 곁을 잠시라도 떠나 살 수 있겠는가?

1139 그 즉시 효과가 있는, 시간을 초월한 이법, 즉 번뇌가 없는 애착의 소멸에 대하여 나에게 설법해 주었다. 그와 견줄 자는 아무도 없다 했는데."

1140 핑기야가 말했다.

"바라문이시여, 저는 지혜가 많은 고타마, 예지가 넘치는 고타마의 곁을 떠나 잠시라도 살 수 없습니다.

1141 그 즉시 효과가 있는, 시간을 초월한 이법, 즉 번뇌가 없는 애착의 소멸에 대해 저에게 설법해 주셨습니다. 그분과 견줄 자는 아무도 없습니다.

1142 바라문이시여, 저는 게으르지 않고 밤낮으로 마음의 눈으로 그분을 보고 있습니다. 또 그분에게 경배하면서 밤을 보냅니다. 그러므로 저는 그의 곁을 떠나서 살고 있는 것이 아니라고 생각합니다.

1143 저의 신앙과 기쁨과 마음과 생각은 고타마의 가르침에서 떠나지 않습니다. 지혜 많으신 분(부처님)이 어느 쪽으로 가든 그쪽을 향해 경배하겠습니다.

1144 저는 이제 늙어서 기력도 없습니다. 그러므로 제 몸을 끌고 그곳으로 갈 수가 없습니다. 그러나 생각은 항상 그곳에 머물러 있습니다. 바라문이시여, 저의 마음은 그와 맺어져 있습니다.

1145 저는 진구렁 속에 누워 이 마을 저 마을 떠다녔습니다. 그러다가 거센 물결을 건너신, 때묻지 않은 분〔正覺者〕을 만나게 되었습니다."

1146 이때 존귀하신 부처님께서 나타나시어 말씀하셨다.

"바카리, 바드라우다, 아알라비 고타마가 믿음으로 깨달았듯이[9] 그대도 믿음으로 깨닫도록 하라. 핑기야여, 그대는 죽음

---

9 원문에는 muttasaddho, pamuncassu saddham이라고 되어 있음. 주에 따라서 해석했음.

의 영역에서 피안에 이르게 되리라."

1147 핑기야가 말했다.

"저는 성자의 말씀을 듣고 더욱 믿음이 두터워졌습니다. 깨달은 자는, 번뇌의 덮개를 열고 마음이 거칠지 않으며, 말씨가 좋은 자입니다.

1148 신들은 초월했다는 것〔法〕을 알고, 이것저것 일체를 알고 있습니다. 스승께서는 의심을 품고 묻는 자들의 질문에 분명한 해답을 해주었습니다.

1149 아무 데도 비할 바 없고, 빼앗기지 않으며, 흔들리지 않는 경지에 저는 분명히 도달할 것을 확신합니다. 이 점에 대해서 저는 조금도 의심하지 않습니다. 제가 이렇게 믿고 또 깨달았음을 인정하여 주십시오." *

옮긴이 | 김운학

승려. 문학평론가. 문학박사.
전남 영암 출생.
조선대학교를 거쳐 동국대학교 대학원 졸업.
동국대학교 승가학과 교수 역임.

수타니파타

발행일 | 초판 1쇄 발행 - 2019년 11월 25일
　　　　　초판 5쇄 발행 - 2025년 5월 15일

옮긴이 | 김운학　　　　　　**펴낸이** | 윤성혜
펴낸곳 | 종합출판 범우(주)　　**인쇄처** | 태원인쇄

등록번호 | 제406-2004-000012호 (2004년 1월 6일)
　　　　　　(10881) 경기도 파주시 광인사길 9-13 (문발동 525-2)
대표전화 | 031-955-6900　　**팩 스** | 031-955-6905
홈페이지 | www.bumwoosa.co.kr　**이메일** | bumwoosa1966@naver.com

ISBN 978-89-6365-271-9　03220